Wittwer | Philosophie des Todes

Héctor Wittwer
Philosophie des Todes

Reclam

2., bibliographisch ergänzte Auflage

RECLAMS UNIVERSAL-BIBLIOTHEK Nr. 14032
2009, 2020 Philipp Reclam jun. Verlag GmbH,
Siemensstraße 32, 71254 Ditzingen
Gestaltung: Cornelia Feyll, Friedrich Forssman
Druck und Bindung: Esser printSolutions GmbH,
Untere Sonnenstraße 5, 84030 Ergolding
Printed in Germany 2024

ISBN 978-3-15-014032-1

Auch als E-Book erhältlich

www.reclam.de

Inhalt

Einleitung

Der Tod gehört zu den Themen der Philosophie, die wohl niemandem gänzlich gleichgültig sein dürften. Man kann im Alltag ohne Weiteres zurechtkommen, ohne sich jemals mit Fragen der Metaphysik, der Erkenntnistheorie oder auch der politischen Philosophie zu beschäftigen. Aber die meisten Menschen kommen im Verlauf ihres Lebens nicht umhin, sich mit dem Tod auseinanderzusetzen. Die Anlässe dafür können verschiedener Art sein: Der Tod eines geliebten Menschen kann genauso zum Nachdenken über die Sterblichkeit anregen wie eine schwere Krankheit oder ein runder Geburtstag in fortgeschrittenem Alter, an dem man vielleicht bilanziert, welche der eigenen Ziele man bisher erreicht hat und was man in der verbleibenden Lebenszeit noch schaffen kann. Die Beschäftigung mit dem Tod wird spätestens dann unumgänglich, wenn einem bewusst ist, dass das eigene Ende naht.

Angesichts der existenziellen Bedeutsamkeit des Todes verwundert es nicht, dass er zu allen Zeiten Gegenstand des philosophischen Nachdenkens war. Zwar wäre die Behauptung übertrieben, dass der Tod zu den wichtigsten Themen der Philosophie gehört; er zählt aber zu den Themen, die in der gesamten Philosophiegeschichte erörtert wurden – und das gilt nicht für alle Themen der Philosophie. Dass dabei die Fragen und Erkenntnisinteressen, mit denen man sich in den verschiedenen Epochen dem Gegenstand näherte, variierten, dürfte nicht überraschen.

Wenn man die philosophischen Probleme, die unsere Sterblichkeit aufwirft, systematisiert, lassen sich mindestens vier Themenfelder unterscheiden.

Erstens ist zu klären, was der Tod ist. Hier geht es darum, den Begriff des Todes zu analysieren. Ist der Tod das endgültige und vollständige Ende unserer Existenz, oder werden wir nach dem Tod auf irgendeine Weise fortexistieren? Diese Frage, die meist als Frage nach der Unsterblichkeit der Seele aufgefasst wurde, stand jahrtausendelang im Mittelpunkt der philosophischen Diskussionen über den Tod. Heute spielt sie jedoch aus Gründen, die später dargelegt werden, nur noch eine untergeordnete Rolle.

Zweitens wurde in der modernen Philosophie die Frage aufgeworfen, woher der einzelne Mensch weiß, dass er sterben wird, und ob überhaupt alle Menschen notwendigerweise sterben werden. Max Scheler hat diese beiden Probleme der »Erkenntnistheorie des Todes« zugerechnet.[1] Bei der ersten Frage gingen die Meinungen auseinander. Während einige Denker die Auffassung vertraten, dass ein Mensch nur durch Erfahrung zu der Einsicht gelangen könne, dass er selbst sterben muss, behaupteten andere, dass es eine apriorische oder intuitive Todesgewissheit gebe, das heißt, dass auch ein Mensch, der niemals den Tod eines anderen Lebewesens erlebt hätte, wüsste, dass er eines Tages sterben wird. Die Erkenntnisse, zu denen die empirisch arbeitende Entwicklungspsychologie in den letzten Jahrzehnten gelangt ist, lassen jedoch keinen Zweifel daran, dass das Wissen um die eigene Sterblichkeit nicht angeboren ist, sondern erworben wird. Kinder gelangen schrittweise zu einem vollständigen Verständnis des Begriffs »Tod«, und sie müssen lernen, dass alle Menschen, sie selbst eingeschlossen, sterben werden.[2]

Bei dem zweiten Problem innerhalb der Erkenntnistheorie des Todes, der Frage, ob jeder Mensch notwendigerweise sterben wird, handelt es sich um eine Spielart eines skeptischen Arguments, das auf den britischen Philosophen David Hume (1711–1776) zurückgeht: Lassen sich empirische Allaussagen rechtfertigen? Bisher, so könnte man im Anschluss an Hume argumentieren, sind zwar viele Menschen gestorben. Folgt aber daraus, dass alle jetzt und später lebenden Menschen ebenfalls sterben müssen? Nicht notwendigerweise. Möglicherweise weilt ja der erste Unsterbliche bereits unter uns. Wie alle skeptischen Argumente, so lässt sich auch dieses Argument nicht widerlegen. Grundsätzlich kann nicht ausgeschlossen werden, dass ein Mensch niemals sterben würde. Weil aber Menschen durch Herzinfarkte, Krankheiten, Unfälle oder Ähnliches getötet werden können und weil sie darüber hinaus altern und ihre Widerstandskraft nachlässt, ist dies höchst unwahrscheinlich.

Das dritte Themenfeld umfasst eine Reihe von Fragen, die alle mit unserem Verhältnis zum jeweils eigenen Tod zusammenhängen. Ist Unsterblichkeit wünschenswert? Ist der Tod ein Gut oder ein Übel oder keines von beiden? Ist es vernünftig, den eigenen Tod zu fürchten? Wie sollte man sich zum bevorstehenden Tod verhalten? Wie wirkt sich die Tatsache, dass wir um unsere Sterblichkeit wissen, auf die Lebensführung aus? Besonders häufig wurde in diesem Zusammenhang die Todesfurcht thematisiert, weil sie von vielen Menschen als besonders bedrückend erlebt wird. Deshalb haben Philosophen häufig versucht, sich selbst und andere durch Argumente von der Furcht vor dem Tod zu befreien.

Schließlich wirft viertens die Tatsache, dass Menschen sterblich sind und getötet werden können, zahlreiche moralische Fragen auf. Welcher moralische Status kommt einem Leichnam zu? Lassen sich Pflichten gegenüber Verstorbenen begründen? Ist es moralisch erlaubt, sich selbst zu töten? Darf man einem lebensmüden Menschen dabei helfen, seinem Leben ein Ende zu setzen? Lässt sich die Todesstrafe rechtfertigen? Wie steht es um Tötungen im Krieg oder durch sogenannte terroristische Akte? Welche Gründe sprechen für und gegen die Abtreibung? Darf man den Tod Unschuldiger in Kauf nehmen, um eine große Anzahl von Menschen zu retten?

In dieser Einführung werden nicht alle der genannten Fragen behandelt. Das wäre im Rahmen eines so schmalen Bändchens auch gar nicht möglich. Stattdessen habe ich einige der meiner Meinung nach wichtigsten Probleme ausgewählt. Sie werden im Folgenden exemplarisch anhand einflussreicher philosophischer Werke vorgestellt. Dabei geht es mir vor allem darum, die Leserinnen und Leser mit den wichtigsten Thesen und Argumenten innerhalb der Philosophie des Todes vertraut zu machen. Es versteht sich von selbst, dass die Auswahl, die ich getroffen habe, nicht unabhängig von meinem Urteil darüber ist, welche Denker und Argumente zum Kanon der philosophischen Thanatologie gehören.

Der Autor einer Einführung sollte meines Erachtens versuchen, die gegensätzlichen Positionen, die sich in der Geschichte der Philosophie und in den gegenwärtigen Debatten ausmachen lassen, möglichst fair darzustellen. Er sollte so in die Thematik einführen, dass die Leserinnen und Leser sich selbst ein Urteil über die erörterten Fragen bilden können. Darum habe ich mich zumindest bemüht, und zwar auch in Bezug auf die Probleme, zu denen ich selbst an anderer Stelle dezidiert Stellung genommen habe. Es ließ sich aber nicht vermeiden, sondern war vielmehr beabsichtigt, dass einzelne Argumente einer kritischen Prüfung unterzogen werden und dass die Schwächen bestimmter Auffassungen deutlich gemacht werden.

Selbstverständlich kann eine Einführung in die Thematik nicht die Lektüre der Quellen ersetzen. Ich hoffe, dass es mir gelungen ist, den einen oder die andere dazu anzuregen, die klassischen Texte zur Philosophie des Todes selbst zur Hand zu nehmen und zu studieren. Obwohl ich davon überzeugt bin, dass man in der philosophischen Thanatologie ebenso wie in allen anderen Teildisziplinen der Philosophie zu allgemein gültigen Aussagen gelangen kann, scheint es mir unbestreitbar zu sein, dass das Verhältnis zum Tod nicht unabhängig von der individuellen Eigenart des Einzelnen ist. Letztlich muss sich jeder Mensch auf seine Weise seinem eigenen Tod und dem seiner Nächsten stellen.

Begriff und Wesen des Todes

Der Begriff des Todes und seine Bedeutungen

Fragt man, was der Begriff »Tod« bedeutet, so lautet die ebenso naheliegende wie unstrittige Antwort: »das Ende des Lebens«. Mit dieser Auskunft ist jedoch nicht viel gewonnen, weil das Ende des Lebens auf verschiedene Weise gedeutet werden kann. In der übergroßen Mehrzahl der Kulturen wurde und wird der Tod nicht als das vollständige Ende des menschlichen Daseins begriffen, sondern als ein *Übergang* zu einer anders gearteten Existenz. Wie diese Fortexistenz nach dem Tod beschaffen ist, darüber gehen die Meinungen allerdings auseinander. Manche Völker glaubten, dass die Verstorbenen in derselben Welt wie sie als unsichtbare Seelen weiterexistierten. Verbreitet war auch der Glaube, dass die Toten in einer eigenen, jenseitigen Welt wohnten, zum Beispiel in den ewigen Jagdgründen oder in der Unterwelt. In den Mythen der alten Griechen hieß diese Welt der Toten »Hades«. Folgt man hingegen dem Buddhismus und Hinduismus, dann trennt sich im Moment des Todes die Seele vom Körper, um erneut in den Kreislauf der Wiedergeburten einzugehen. Im Christentum wird angenommen, dass der Tod nur das vorläufige Ende des Lebens ist. Am Tag des Jüngsten Gerichts werden die Toten auferstehen. So lautet zumindest noch heute die offizielle katholische Lehre.

Diesen mythischen und religiösen Todesvorstellungen, in denen der Tod als ein Übergang von einer Existenzweise in eine andere verstanden wird, kann man den naturalistisch-biologischen Begriff des Todes gegenüberstellen, der in der Gegenwart immer mehr Anhänger findet. Wie jedes andere Todesverständnis auch, setzt die naturwissenschaftliche Definition des Todes einen bestimmten Begriff des *Lebens* voraus. Es herrscht heute weitgehend Einigkeit darüber, dass Leben der Prozess ist, in dem sich bestimmte organische Körper mittels der sogenannten Lebensfunktionen (Vitalfunktionen) selbst organisieren und erhalten. Welche und wie viele dieser Funktionen es gibt, hängt vom Grad der Komplexität der jeweiligen biologischen Art ab. Der menschliche Organismus verfügt über fünf Vitalfunktionen: die Steuerung durch das Zentralnervensystem, den Blutkreislauf, die Atmung, den Stoffwechsel und die Temperaturregulation. Diesen fünf Funktionen entsprechen bestimmte Organe oder Organsysteme, so etwa die Lunge der Atmung. Gelegentlich wird heute das Bewusstsein als sechste Lebensfunktion hinzugezählt.

Wenn man von der Voraussetzung ausgeht, dass Leben nichts anderes ist als die Selbstorganisation und Selbsterhaltung eines Organismus mittels der genannten Funktionen, dann lässt sich der Tod als der irreversible Ausfall der Lebensfunktionen definieren, durch den bewirkt wird, dass die Selbstorganisation des Organismus an ihr Ende gelangt. Diese Definition bedarf einiger klärender Zusätze. Zunächst muss das *Ereignis* des Todes vom *Prozess* des Sterbens unterschieden werden. »Sterben« bezeichnet den allmählichen oder plötzlichen Ausfall der Lebensfunktionen. Im Unterschied zum Tod, der die Grenze zwischen dem Leben und dem Totsein darstellt, bildet das Sterben einen Teil des Lebens, der zumindest partiell auch bewusst erlebt werden kann. Mediziner unterscheiden heute zwei

Phasen des Sterbens. In der ersten Phase kann der Ausfall bestimmter Lebensfunktionen noch durch medizinische Eingriffe rückgängig gemacht werden. Beispiele für solche Eingriffe sind die Herzdruckmassage und die Beatmung von Mund zu Mund. In der zweiten Sterbephase ist der Ausfall der Vitalfunktionen hingegen irreversibel.

Für ein angemessenes Verständnis der naturalistischen Todesauffassung sind zwei weitere Präzisierungen unabdingbar. Bei den biologischen Definitionen des Lebens und des Todes handelt es sich um *funktionale*, auf den *ganzen* Organismus bezogene Begriffsbestimmungen. Funktional sind sie, weil Leben und Tod nur durch Bezug auf bestimmte Leistungen eines Lebewesens definiert werden. Im Gegensatz zu *substanzialistischen* Definitionen sind die *funktionalen* Begriffe von Leben und Tod damit vereinbar, dass viele Bestandteile des Organismus, beispielsweise Zellen oder Haare, im Verlauf der Zeit erneuert werden. Ausschlaggebend für die Lebendigkeit ist nicht die Identität des organischen Materials, sondern allein der Vollzug bestimmter Funktionen. Außerdem sind die funktionalen Begriffe auf den Organismus als ein Ganzes bezogen, nicht auf alle seine Teile. Der Wissenschaftliche Beirat der Bundesärztekammer hat dieses Verständnis des Todes folgendermaßen zum Ausdruck gebracht: »Der Tod eines Menschen ist – wie der Tod eines jeden Lebewesens – sein Ende als Organismus in seiner funktionellen Ganzheit, nicht erst der Tod aller Teile des Körpers. [...] Der Organismus ist tot, wenn die Einzelfunktionen seiner Organe und Systeme sowie ihre Wechselwirkung unwiderruflich nicht mehr zur übergeordneten Einheit des Lebewesens in seiner funktionellen Ganzheit zusammengefaßt und unwiderruflich nicht mehr von ihr gesteuert werden.«[3] Die Fähigkeit des Organismus, seine Bestandteile zu einem funktionellen Ganzen zusammenzufassen, wird manchmal auch als Fähigkeit der funktionalen *Integration* bezeichnet. Mit dem Ausdruck, dass der Organismus seine Bestandteile in ein Ganzes integriert, ist gemeint, dass alle Organe dazu beitragen, dass das Lebewesen als Ganzes erhalten wird und dass es sich als eigenständige Ganzheit in seiner Umwelt verhalten kann. Die Erhaltung des Ganzen sichert ihrerseits den Fortbestand der Teile.

Die Unterscheidung zwischen dem Tod des Organismus als eines Ganzen und dem seiner Teile ist von Bedeutung, weil beide nicht notwendigerweise zugleich eintreten: Ein Organismus kann sich als ein Ganzes erhalten, obwohl einzelne seiner Teile abgestorben sind. Andererseits können nach dem sogenannten Ganztod eines Organismus einige seiner Teile noch eine Zeit lang weiterleben. Das bedeutet, dass der Tod des Organismus als eines Ganzen eintreten kann, bevor alle seine Bestandteile abgestorben sind. In der Diskussion des Hirntodkriteriums werde ich auf den wichtigen Unterschied zwischen *Ganztod* und *Partialtod* zurückkommen.

Auf den ersten Blick scheint sich die biologische Auffassung des Todes neutral gegenüber der Frage zu verhalten, ob es eine Fortexistenz nach dem Tod gibt, weil sie keine Aussagen über die Zeit nach dem Tod impliziert. Warum sie dennoch im Gegensatz zu den Jenseitsvorstellungen steht, wird daran deutlich, dass sie oft mit der These einhergeht, alle bewussten Tätigkeiten setzten das Funktionieren des Gehirns als eines Teils des Zentralnervensystems voraus. Wenn nämlich erstens die Gehirntätigkeit eine notwendige Bedingung aller seelischen und geistigen Akte ist und wenn zweitens der Tod durch die Beendigung der Lebensfunktionen einschließlich der Funktion des Zentralnervensystems charakterisiert ist, dann ist es unmöglich, dass die Seele des Menschen seinen Tod überlebt.

Historisch betrachtet, war die naturwissenschaftliche Auffassung des Todes bedeutend weniger verbreitet als mythische und religiöse Todesvorstellungen. Ein Blick auf die Geschichte zeigt, dass in der überwältigenden Mehrzahl der Fälle der Tod nicht als vollständiges Ende des Lebens, sondern als Übergang in eine anders geartete Existenz begriffen wurde.[4] Aus dieser Feststellung können zwei wichtige Schlussfolgerungen gezogen werden. Erstens scheint es bei vielen Menschen in unterschiedlichen Kulturen ein starkes Bedürfnis nach einer Fortexistenz nach dem Tod zu geben. Dieses Bedürfnis beruht wiederum auf der weit verbreiteten Furcht davor, dass das Leben vollständig enden könnte. Zweitens stellt das biologische Todesverständnis, das der modernen Medizin und auch den heute geltenden rechtlichen Regelungen von Sterben und Tod zugrunde liegt, historisch betrachtet, bislang eine seltene Ausnahme dar.

In welchem Verhältnis steht nun das philosophische Verständnis des Todes zu den mythischen und religiösen Todesvorstellungen einerseits und zu der biologischen Todesdefinition andererseits? – Diese Frage kann aus einem einfachen Grund nicht in einem Satz beantwortet werden: *Es gibt kein einheitliches philosophisches Verständnis des Todes.* Wie das Ende des Lebens philosophisch gedeutet wird, hängt vor allem davon ab, ob eine *dualistische* oder eine *monistische* Anthropologie zugrunde gelegt wird. Weil

Dualisten davon ausgehen, dass die Seele eine eigenständige Substanz ist, die auch unabhängig vom Körper existieren kann, neigen sie zu der Auffassung, dass der Tod des menschlichen Leibes nicht das vollständige Ende des Lebens ist. Darin stimmen sie mit den mythischen und religiösen Todesvorstellungen überein. Allerdings unterscheiden sich die philosophischen Lehren von der Unsterblichkeit darin vom Glauben an eine Fortexistenz, dass sie durch Argumente gestützt werden. Auf die wichtigsten dieser Begründungen werde ich später eingehen (vgl. das Unterkapitel »Das Problem der Unsterblichkeit der Seele«). Aus einer monistischen Anthropologie ergibt sich hingegen zwingend, dass das Leben eines Menschen mit seinem Tod endgültig und vollständig endet. Diese Lehre wurde bereits in der Antike von den sogenannten Atomisten vertreten. In der Gegenwart stellt sie die herrschende philosophische Auffassung des Todes dar. Wie sich im nächsten Abschnitt zeigen wird, handelt es sich allerdings bei der biologisch-medizinischen Bestimmung des Todes nicht um eine einheitliche Auffassung; umstritten ist vielmehr, anhand welchen Kriteriums der Tod festgestellt werden kann.

Der Unterschied zwischen der monistischen und der dualistischen Anthropologie ist nicht nur für die Definition des Begriffs »Tod« von Bedeutung. Auch andere philosophische Fragen, die mit dem Tod zusammenhängen, wird man unterschiedlich beantworten, je nachdem ob man den Menschen als ein aus Leib und Seele zusammengesetztes Wesen begreift oder als ein Lebewesen, dessen seelische und geistige Leistungen nur auf der Grundlage seiner körperlichen Funktionen möglich sind.

Zusammenfassend lässt sich sagen, dass der Tod entweder als Übergang vom irdischen Leben in eine anders geartete Existenz oder als vollständiges Ende des Lebens begriffen werden kann. In der Philosophie wurden beide Auffassungen vertreten.

Die Debatte über den Hirntod

Bis in die 1960er Jahre galt es als unvorstellbar, dass ein Mensch für tot erklärt werden könnte, solange sein warmes Blut durch seine Adern fließt. Seit der Einführung des Hirntodkriteriums hat sich die Lage grundlegend verändert. Auf die sogenannten Hirntoten trifft genau das zu, was lange undenkbar war: Sie gelten als tot, obwohl zumindest einige ihrer Lebensfunktionen mit technischen Mitteln aufrechterhalten werden. Innerhalb kurzer Zeit hat sich also ein radikaler Wandel des Todesbegriffs vollzogen. Wodurch wurde er ermöglicht?

Die Einführung des Hirntodkriteriums stellte eine Reaktion auf zwei sich in etwa zeitgleich vollziehende Entwicklungen in der Medizin dar. Bis nach dem Zweiten Weltkrieg wurde der Tod eines Menschen anhand des Herztodkriteriums festgestellt. Ein Mensch galt als tot, wenn seine Atmung und sein Kreislauf zum Erliegen gekommen waren. Der Herztod konnte in der Praxis mit dem Hirntod gleichgesetzt werden, denn erstens bewirkte ein entsprechend langer Ausfall der Atmung und des Kreislaufs, dass das Gehirn nicht mehr in ausreichendem Maß mit Sauerstoff versorgt und daher irreversibel geschädigt wurde. Und zweitens führte eine schwere Schädigung des ganzen Gehirns stets dazu, dass der Organismus nicht mehr imstande war, eigentätig seine Atmung und seinen Blutkreislauf aufrechtzuerhalten. Dieser enge Zusammenhang wurde durch den technischen Fortschritt aufgelöst. Die Herzdruckmassage, die künstliche Beatmung und vor allem die Einführung der Herz-Lungen-Maschine ermöglichten es, Menschen am Leben zu erhalten, die bis dahin binnen kurzer Zeit gestorben wären. In der Folgezeit häufte sich die Zahl der Patienten, deren Gehirntätigkeit endgültig ausgefallen war, bei denen aber mittels der Herz-Lungen-Maschine der Blutkreislauf und die Versorgung mit Sauerstoff aufrechterhalten wurden. Der Zustand, in dem sich diese Menschen befanden, wurde 1959 von den französischen Ärzten Pierre Mollaret und Maurice Goulon erstmals als »endgültiges Koma« (coma dépassé) beschrieben.

Zweitens entstand in den 1950er Jahren die Transplantationsmedizin, die innerhalb weniger Jahrzehnte rasante Fortschritte machte. Bereits im Jahr 1967 führte der südafrikanische Arzt Christiaan Barnard die erste Herztransplantation durch. Transplantationen von Nieren und anderen Organen gehören heute zu den Routineoperationen. Mit den technischen Möglichkeiten wuchs auch der Bedarf an Transplantaten; und so war es ein naheliegender Gedanke, Menschen, die sich im endgültigen Koma befanden, als Organspender in Betracht zu ziehen.

Diese beiden Tendenzen, der Fortschritt der Medizintechnik und die Entwicklung der Transplantationsmedizin, riefen in ihrem Zusammenspiel das Bedürfnis nach einer Revision des Todeskriteriums hervor. Zu diesem Zweck wurde 1968 an der Harvard Medical School eine aus Medizinern, Theologen und Juristen bestehende Ad-hoc-

Kommission einberufen. Diese Kommission schlug vor, den Hirntod als neues Todeskriterium einzuführen. Für diesen Vorschlag nannte sie in ihrem Bericht zwei Gründe. Erstens stelle der Zustand des endgültigen Komas für die Patienten, deren Angehörige und die Krankenhäuser eine schwere Belastung dar, zweitens könne das Festhalten an überholten Kriterien des Todes zu Schwierigkeiten bei der Beschaffung von Organen für die Transplantation führen. Bereits kurz zuvor hatte die von der Deutschen Gesellschaft für Chirurgie eingesetzte Kommission für Reanimation und Organtransplantation in ihrer Stellungnahme für die Einführung des Hirntodkriteriums plädiert. Diese Erklärung fand jedoch in der Öffentlichkeit nicht so große Aufmerksamkeit wie der Bericht der Ad-hoc-Kommission in Harvard.

Im Verlauf der folgenden Jahrzehnte wurde das Hirntodkriterium von zahlreichen Staaten und ärztlichen Organisationen anerkannt. Auch in der Bundesrepublik Deutschland wurde es in das geltende Recht übernommen. Die Kompetenz für die Festlegung der Verfahren, die für die Feststellung des Hirntods nötig sind, übertrug der Gesetzgeber der Bundesärztekammer. Eingang fand das Hirntodkriterium unter anderem in das 1997 nach einer langen und kontroversen Diskussion verabschiedete sogenannte Transplantationsgesetz.[5]

Da die Einführung des Hirntodkriteriums einen Bruch mit der überkommenen Auffassung des Todes darstellte, ist es nicht verwunderlich, dass die Feststellung des Todes anhand des Hirntods von Beginn an von heftigem Widerstand begleitet wurde. Zu den ersten Kritikern des Hirntods zählte der Philosoph Hans Jonas. Er warf den Verfechtern des Hirntodkriteriums vor, dass sie den Tod aus einem bestimmten Interesse, nämlich demjenigen, leichter Organe für die Transplantation gewinnen zu können, »umdefiniert« hätten.[6] Den Verdacht, dass die Änderung des Kriteriums nicht nur auf naturwissenschaftlich-medizinischen Erwägungen beruhte, sondern von bestimmten Interessen geleitet war, hegte nicht nur Hans Jonas. Diese Vermutung spielt bis heute eine wichtige Rolle in der Diskussion.

Bevor wir uns den Argumenten zuwenden, die für und gegen die Angemessenheit der Rede vom Hirntod vorgebracht werden, muss eine Unterscheidung eingeführt werden, die unerlässlich ist, wenn man die Stichhaltigkeit dieser Argumente beurteilen will. Zu unterscheiden sind die *Definition* des Todes, die *Kriterien* des Todes und die *Testverfahren*, welche die Feststellung des Todes erlauben. Die Definition des Todes kann – wie jede andere Definition – weder wahr noch falsch sein, weil durch sie festgelegt wird, was der Begriff »Tod« bedeuten soll. Allerdings sollte sie, damit Mehrdeutigkeiten und Missverständnisse vermieden werden, dem umgangssprachlichen Vorverständnis des Begriffs nicht widersprechen und so weit wie möglich mit ihm übereinstimmen. Erst wenn man sich darüber geeinigt hat, was »Tod« bedeuten soll, kann sinnvoll danach gefragt werden, welche Kriterien die Feststellung des Todes erlauben, welche Bedingungen also erfüllt sein müssen, damit ein Organismus als tot bezeichnet werden darf. Ob sie erfüllt sind, muss mittels geeigneter Testverfahren geprüft werden. Da es sich bei der Frage, welche Verfahren in Bezug auf ein bestimmtes Kriterium geeignet sind, um ein rein technisches Problem handelt, dürfte es kaum grundsätzliche Meinungsverschiedenheiten über die Testverfahren zur Todesfeststellung geben. Deshalb beschränkt sich die Kontroverse weitgehend auf die Definition und die Kriterien des Todes. Die Unterscheidung der begrifflichen Ebenen erlaubt es, jeweils präzise festzustellen, ob sich ein Argument grundsätzlich gegen ein bestimmtes Todesverständnis wendet oder ob es nur dazu dient, die Angemessenheit eines Todeskriteriums in Zweifel zu ziehen, ohne dass der zugrunde liegende Begriff des Todes infrage gestellt wird.

Die Befürworter des Hirntodkriteriums haben im Wesentlichen drei Gründe für dessen Angemessenheit angeführt. Erstens verweisen sie darauf, dass es sich beim Hirntod nur um neues Kriterium, nicht aber um eine neue Definition des Todes handle. Wie das früher gebräuchliche Herztodkriterium setze auch das Hirntodkriterium die Definition des Todes als Ganztod voraus. Gemäß diesem bereits vorgestellten Begriff des Todes ist ein Organismus dann tot, wenn er die Fähigkeit, mittels der Lebensfunktionen seine Bestandteile zu integrieren und sich als ein funktionelles Ganzes zu erhalten, ein für alle Mal verloren hat. An dieser Definition ändere sich durch die Einführung des Hirntodkriteriums nichts. Deshalb sei der Vorwurf, dass die Akzeptanz des Hirntods zu einer Verdopplung des Todesbegriffs führe – dem Tod des Menschen stehe nun der Tod des Gehirns gegenüber –, verfehlt. Der entsprechende Verdacht könne nur entstehen, wenn man nicht zwischen Ganztod und Partialtod unterscheide. Sobald man diesen grundsätzlichen Unterschied berücksichtige, werde jedoch deutlich, dass der Partialtod eines Organs, der des Gehirns, als Kriterium des Ganztodes des Organismus fungiere.

Zweitens sei das *Bewusstsein*, zumindest in potenzieller Form, ein wesentliches Merkmal eines lebendigen Menschen. Die Hirntoten hätten aber aufgrund der schwer wiegenden und irreparablen Schädigung ihres Gehirns die Fähigkeit, etwas bewusst zu erleben und bewusst zu handeln, endgültig verloren. Das unterscheide sie von schlafenden und vorübergehend bewusstlosen Menschen ebenso wie von Embryonen, bei denen das Gehirn zwar noch nicht ausgebildet ist, die aber gewöhnlich zu Menschen mit einem intakten Gehirn und der Fähigkeit zum bewussten Erleben und Handeln heranreifen werden.

Drittens sei der Organismus der Hirntoten nicht mehr imstande, die Lebensfunktionen selbstständig zu vollziehen und seine Bestandteile und deren Funktionen in ein funktionelles Ganzes zu integrieren. Eben diese Fähigkeit sei aber gemäß der funktionalen Definition des Lebens ausschlaggebend für die Lebendigkeit eines Menschen. Im Übrigen lasse sich durch die Unterscheidung zwischen Ganztod und Partialtod verständlich machen, warum die Tatsache, dass die meisten Organe des Hirntoten noch leben, keinen hinreichenden Grund dafür darstelle, den ganzen Menschen als lebenden anzusehen.

Die Kritiker des Hirntodkriteriums teilen in der Regel die Auffassung, dass zwischen Ganztod und Partialtod unterschieden werden muss. Außerdem können sie sich der Meinung anschließen, dass der Tod funktional als Ausfall der Lebensfunktionen und als Ende der Selbstintegration des Organismus verstanden werden muss. Sie schreiben dem Begriff der organischen Integration jedoch eine andere Bedeutung als die Verfechter des Hirntodkriteriums zu, und sie bestreiten, dass der Organismus eines sogenannten

Hirntoten außerstande ist, seine Organe und Funktionen in ein Ganzes zu integrieren.

Im Einzelnen lassen sich folgende wichtige Einwände gegen die Angemessenheit des Hirntodkriteriums ausmachen: 1. Aktuales oder potenzielles Bewusstsein ist keine notwendige Bedingung für Lebendigkeit. 2. Die Fähigkeit zur organischen Integration ist graduell abstufbar. Die Behauptung, dass der Organismus eines »Hirntoten« diese Fähigkeit gänzlich eingebüßt habe, ist falsch. Richtig ist hingegen, dass sie bei ihm in einem geringeren Maße vorliegt als bei einem gesunden Menschen. 3. Wenn die sogenannten Hirntoten tatsächlich tot wären, dann müsste man konsequenterweise unmittelbar nach der Todesfeststellung alle technischen Maßnahmen, die der Aufrechterhaltung der Lebensfunktionen dienen, abbrechen. Tatsächlich werden diese Maßnahmen jedoch fortgeführt. Diese drei Einwände sollen kurz erläutert werden.

Gegen die These, dass Bewusstsein eine notwendige Bedingung der Lebendigkeit ist, spricht, dass es Menschen gibt, die zwar die Fähigkeit zum bewussten Erleben und Handeln endgültig verloren haben, bei denen aber die wesentlichen Lebensfunktionen intakt sind. Dies gilt für Menschen, die am apallischen Syndrom leiden, und – mit Einschränkungen – für anenzephale Neugeborene. Beim apallischen Syndrom, das auch als Wachkoma oder ständiger vegetativer Zustand bezeichnet wird, handelt es sich um ein Krankheitsbild, das durch schwere Schädigungen des Großhirns gekennzeichnet ist. Dabei bleiben jedoch die Funktionen des Zwischen- und Stammhirns sowie des Rückenmarks erhalten. Diese Teile des Zentralnervensystems steuern die vegetativen Lebensfunktionen. Deshalb ist der Organismus eines Apallikers in der Lage, ohne technische Unterstützung wesentliche Vitalfunktionen aufrechtzuerhalten: Atmung, Blutkreislauf, Temperaturregulation und Stoffwechsel. Die Patienten, die sich im Wachkoma befinden, weisen keine oder nur zu vernachlässigende Anzeichen von Bewusstsein auf; gemäß der Ganztoddefinition sind sie aber zweifellos nicht tot. Bei künstlicher Ernährung und medizinischer Betreuung können sie im vegetativen Zustand jahrelang überleben. Ähnliches gilt, allerdings mit starken Einschränkungen, für anenzephale Neugeborene, bei denen große Teile des Gehirns nicht ausgebildet worden sind. Sie können selbst bei intensivmedizinischer Betreuung in der Regel nur wenige Tage überleben, in dieser Zeit sind bei ihnen die Atmung, der Blutkreislauf und die Temperaturregulation allerdings intakt.

Der Verweis auf Patienten im Wachkoma und anenzephale Neugeborene zeigt, dass gemäß der funktionalen Definition des Lebens anhand der Vitalfunktionen aktuales oder potenzielles Bewusstsein keine notwendige Bedingung der Lebendigkeit ist. Daher vermag das erste Argument der Befürworter des Hirntodkriteriums nicht zu überzeugen.

Wie steht es um das zweite Argument? Hat der Körper eines Hirntoten die Fähigkeit der organischen Integration vollständig eingebüßt? Gegen diese Behauptung lassen sich verschiedene, miteinander zusammenhängende Einwände vorbringen. Zunächst kann man darauf verweisen, dass die Fähigkeit zur Selbstorganisation in graduellen Abstufungen vorliegen kann. Bei den sogenannten Hirntoten liegt sie zwar in viel geringerem Maße vor als bei anderen Menschen, gänzlich verloren gegangen ist sie jedoch nicht.

Wenn der Körper eines Hirntoten tatsächlich gänzlich außerstande wäre, seine Bestandteile und Funktionen zu einem funktionellen Ganzen zu integrieren, dann würde er die gleichen Begleiterscheinungen des Totseins aufweisen wie ein Leichnam: Leichenstarre, einsetzende Verwesung usw. Tatsächlich verhält es sich jedoch anders, der Körper des Hirntoten sichert die Erhaltung seiner Bestandteile. Nicht nur dies: Wie der bekannte Fall des Erlanger Babys zeigt, ist ein hirntoter Organismus sogar fähig, einen heranwachsenden Embryo zu ernähren.

Hans Jonas hat in diesem Zusammenhang auf ein weiteres Problem hingewiesen. Die technischen Maßnahmen, durch die der Blutkreislauf und die Sauerstoffversorgung der Hirntoten aufrechterhalten werden, dienen dem Zweck, die Organe oder Gewebe, die für eine Transplantation vorgesehen sind, in einem guten Zustand zu halten. Dies ist aber nur möglich, weil durch Sauerstoffversorgung und Kreislauf die funktionelle und substanzielle Erhaltung der Teile des Organismus gesichert wird.[7] Also ist auch das zweite Argument für das Hirntodkriterium, der Verweis auf die angeblich fehlende organische Integration, ernst zu nehmenden Einwänden ausgesetzt.

An dieser Stelle der Argumentation kann allerdings der Befürworter des Hirntodkriteriums eine weitere Überlegung ins Spiel bringen, um seine Position gegen die genannten Einwände zu verteidigen: Es sei zwar richtig, dass ein hirntoter Organismus noch ein funktionales Ganzes sei, seine funktionale Einheit verdanke er jedoch allein technischen Maßnahmen, also äußeren Faktoren. Ein Körper sei aber nur dann lebendig, wenn er seine Lebensfunktionen *selbstständig* vollziehen könne:

»Entscheidend ist [...] nicht, ob der Organismus oder seine Teilsysteme die Fähigkeit verlieren, zentral gesteuert beziehungsweise integriert werden zu können, sondern ob er *selber* fähig ist, diese Steuerungs- und Integrationsleistungen auszuüben. Würden eines Tages Computer entwickelt, die – eine gespenstische Vision – fähig wären, nach Funktionsausfall des Gehirns dessen Integrationsfunktionen zu übernehmen und ihn wie einen lebendigen Menschen agieren zu lassen, würde das an dem Tod des auf diese Weise marionettenhaft von außen gesteuerten Menschen nichts ändern. Zum Vergleich: Ein fahruntüchtig gewordenes Auto wird nicht dadurch fahrtüchtig, daß ein außerhalb angebrachter Motor Antriebsleistung auf seine Räder überträgt.«[8]

Darauf können die Kritiker des Hirntodkriteriums wiederum erwidern, dass die funktionale Definition des Lebens es offenlässt, ob »die Organtätigkeit, deren irreversibles Aufhören den Tod darstellt, *spontan* sein muß und nicht als Leben zu rechnen ist, wenn sie künstlich induziert und aufrechterhalten wird«[9].

Meiner Meinung nach stoßen wir an diesem Punkt der Auseinandersetzung auf die entscheidende Frage: Gehört es zum Begriff des Lebens, dass ein Körper die Lebensfunktionen ohne technische Unterstützung aufrechterhält? Diese Frage muss eindeutig mit Nein beantwortet werden, weil beispielsweise Menschen mit einem Herzschrittmacher oder Dialysepatienten zweifellos nicht tot sind. Also muss im zweiten Schritt gefragt werden, *in welchem Maße* die Vitalfunktionen unabhängig von technischen Maßnahmen erfolgen können müssen, damit ein Körper als lebendig gelten darf. Erst wenn diese Frage überzeugend beantwortet ist, wird es meines Erachtens möglich sein, eine klare Grenze zwischen lebendigen und toten Menschen zu ziehen und endgültig zu entscheiden, ob die sogenannten Hirntoten tot sind oder nicht.

Die vorangegangenen Ausführungen könnten den Eindruck erweckt haben, dass die Zulässigkeit der Organentnahme bei »Hirntoten« ausschließlich davon abhängt, ob diese Menschen tatsächlich tot sind. Dieser Eindruck ist jedoch irreführend. Es darf nämlich nicht ausgeschlossen werden, dass unter bestimmten Umständen auch die Organentnahme bei *lebenden* Menschen moralisch erlaubt sein könnte. Selbst wenn die sogenannten Hirntoten nicht wirklich tot sein sollten, dürfte also nicht grundsätzlich ausgeschlossen werden, dass ihnen unter besonderen Umständen Organe zum Zweck der Transplantation entnommen werden könnten. Darüber sollte zumindest eine offene Debatte möglich sein, deren Ergebnis nicht im Voraus feststehen darf.[10]

Obwohl sich das Hirntodkriterium in der Praxis weitgehend durchgesetzt hat, hält die Debatte über seine Angemessenheit an. Da bei der Festlegung eines Todeskriteriums viel auf dem Spiel steht und seine Einführung weitreichende Folgen für das gesellschaftliche Leben hat, dürfte sich daran in naher Zukunft nichts ändern.

Das Problem der Unsterblichkeit der Seele

Für eine möglichst präzise und vollständige Bestimmung des Begriffs »Tod« genügt es nicht, das Ende des physischen Lebens zu definieren und angemessene Kriterien für seine Feststellung anzugeben. Darüber hinaus muss geklärt werden, was auf den körperlichen Tod folgt. Die Frage, ob die menschliche Existenz mit dem Tod vollständig endet oder ob auf den Tod eine Fortexistenz folgt, bildete über Jahrtausende hinweg das alles beherrschende Thema in der philosophischen Thanatologie. Diese Frage wurde zumeist als Frage nach der Unsterblichkeit der Seele verstanden. Die Auffassung, dass die Seele den Tod des Körpers überlebt, wurde bereits sehr früh in der orphischen Mystik und von den Pythagoreern vertreten. Aber erst Platon entwickelte im Rahmen seines philosophischen Systems Begründungen für die Unsterblichkeit der Seele, die unabhängig von mythischen Vorstellungen sind. Platon hat seine Argumente für die Unsterblichkeit in mehreren Dialogen dargelegt. Am einflussreichsten von ihnen war zweifellos der *Phaidon*, in dem der letzte Tag im Leben des Sokrates geschildert wird. Sokrates, zu dessen Schülern Platon gehörte, war von seinen athenischen Mitbürgern wegen Unfrömmigkeit und Verführung der Jugend zum Tode verurteilt worden. An dem Tag, an dem das Urteil vollstreckt werden sollte, besuchten ihn – wenn wir Platon glauben dürfen – zum letzten Mal einige seiner Schüler und Freunde. Gegenstand des Gesprächs, das im *Phaidon* wiedergegeben wird, ist die Frage nach dem Schicksal der Seele nach dem Tod.

Bevor ich auf Platons Argumente für die Unsterblichkeit der Seele eingehe, müssen einige Erläuterungen zur literarischen Figur des Sokrates und zu Platons Metaphysik vorausgeschickt werden. Bei der Interpretation der platonischen Dialoge, in denen eine Figur namens Sokrates auftritt, muss berücksichtigt werden, dass der historische Sokrates keine Schriften verfasst hat. Deshalb ist es ausgesprochen schwierig, zu beurteilen, ob und gegebenenfalls inwieweit die Lehren, die Platon seinem literarischen Sokrates in den Mund legt, mit den Auffassungen des realen Sokrates übereinstimmt. Diese Frage, die in der Forschung intensiv diskutiert wird, soll uns hier nicht beschäftigen. Fest steht, dass Platon die Gestalt des Sokrates als sein Alter Ego auftreten lässt, dass diese Figur also seine eigenen Auffassungen vorträgt.

Platons Argumente für die Unsterblichkeit sind nur vor dem Hintergrund seiner Ideenlehre verständlich. Ideen sind bei Platon nicht – wie in der heutigen Umgangssprache – Gedanken oder Einfälle, sondern eigenständig existierende, unkörperliche Gegenstände. Alle empirischen Gegenstände sind »Abbilder« der ihnen als »Urbilder« zugrunde liegenden Ideen. Dieses Verhältnis wird als Teilhabe (*méthexis*) bezeichnet. So hat der gerechte Mensch teil an der Idee der Gerechtigkeit, die er zugleich exemplarisch verkörpert. Ein Tisch ist dadurch Tisch, dass er an der Idee der Tischheit teilhat.

Die Ideenlehre hat ihre Wurzeln sicherlich in der für Sokrates bezeichnenden Methode der Suche nach den allgemeinen Begriffen oder Definitionen, die wir gebrauchen, um verschiedene Dinge zu einer Gegenstandsklasse zusammenzufassen. Im Unterschied zu den einzelnen Dingen lassen sich diese allgemeinen Begriffe nicht sinnlich wahrnehmen. Beispielsweise verfügen wir bereits über eine begriffliche Vorstellung von Schönheit, wenn wir manche Gegenstände als schön und andere als unschön bezeichnen. Entscheidend ist nun, dass kein einziger schöner Gegenstand die Schönheit, sondern nur ein Beispiel für etwas Schönes ist. Die Schönheit selbst muss also Sokrates beziehungsweise Platon zufolge von den vielen schönen Dingen unterschieden werden. Ob der historische Sokrates schon selbst den Schritt von der Feststellung allgemeiner, nicht empirischer Begriffe zur Annahme eigenständig existierender Ideen gegangen ist, kann nicht mit Sicherheit festgestellt werden. Platon hat diesen Schritt jedenfalls vollzogen.

Doch nun zu den sogenannten Unsterblichkeitsbeweisen im *Phaidon*. Sie beruhen auf einer Annahme, die im Text nicht begründet wird: Der Tod ist »die Trennung der Seele von dem Leibe«[11]. Unter dieser Voraussetzung gibt es in Bezug auf das Schicksal der Seele nach dem Tod zwei Möglichkeiten: Entweder löst sie sich auf, oder sie existiert ohne den Körper, den sie verlassen hat, auf irgendeine Weise weiter. Um Letzteres nachzuweisen, lässt Platon seinen Sokrates verschiedene Argumente vortragen, von denen hier die vier wichtigsten vorgestellt werden sollen:

1. Alles entsteht aus dem ihm Entgegengesetzten und wird wieder zu dem ihm Entgegengesetzten. Also wird aus dem Lebendigen das Tote und aus diesem wieder Lebendiges. 2. Die Kenntnis der Ideen und das Wissen von nicht empirischen Gegenständen beruhen auf Wiedererinnerung. Wenn ein Mensch eine begriffliche oder mathematische Einsicht hat, dann erinnert er sich an etwas, das er früher schon einmal wusste und das er nicht durch sinnliche Erfahrung gelernt haben kann. Also existierte die Seele je-

des Menschen schon vor seiner Geburt. 3. Die Seele ist nichts Zusammengesetztes, sondern einfach und unsichtbar. Da das Einfache nicht zerstört werden kann, ist es unmöglich, dass eine Seele zu existieren aufhört. 4. Es gehört zum Wesen der Seele, dass sie lebt und Lebendigkeit verleihen kann. Also kann es eine Seele, die nicht lebt, nicht geben.

Was hat es mit diesen Argumenten, die vielen heutigen Lesern abstrakt und befremdlich erscheinen werden, auf sich?

Zum Argument der Entstehung aus dem Gegenteil[12]: Sokrates legt zunächst dar, dass alle Dinge, die etwas ihnen Entgegengesetztes haben, aus ihrem Gegenteil entstehen. Was schön wird, muss vorher hässlich gewesen sein; was groß wird, war vorher klein usw. Dabei entsteht jeweils jeder der beiden Gegensätze aus dem anderen, der Grundsatz gilt also immer für die Veränderungen in beide Richtungen: Großes entsteht immer aus Kleinem und Kleines immer aus Großem. Auch für den Zustand des Lebens gilt, dass er ein Gegenteil hat, nämlich den Zustand des Totseins. Da das Prinzip der Entstehung aus dem Gegensatz allgemein gültig ist, lässt sich folgern, dass Lebendes immer aus Totem entsteht und Totes immer aus Lebendem. Das bedeutet, dass eine lebende Seele immer aus einer toten Seele hervorgeht. Also muss die Seele schon vor der Geburt oder Wiederbelebung existiert haben. Der Ort, an dem sie sich Platon zufolge befand, ist die Unterwelt der Toten, der Hades.

Dieses erste Argument ist aus mehreren Gründen anfechtbar. Erstens wird es nur diejenigen überzeugen, die die nicht begründete Voraussetzung akzeptieren, dass Seelen als Substanzen existieren und dass der Tod die Trennung der Seele vom Leib ist. Zweitens gilt nicht für alle Dinge oder Zustände, die ein Gegenteil haben, dass sie aus diesem entstehen. Zwar kann nur der alt werden, der vorher jung war; aber ein alter Mensch kann nicht wieder jung werden. Und drittens hat Sokrates das Gegenteil dessen bewiesen, was er zeigen wollte. Er wollte nachweisen, dass die Seele nach dem Tod noch *lebt*. Das Ergebnis des Arguments lautet aber, dass die Seele nach dem Tod des Körpers *tot* ist, da ja Lebendes immer zu Totem wird und umgekehrt. Dieses verwirrende Ergebnis ergibt sich daraus, dass Platon es an dieser Stelle versäumt, zwischen der *Existenz* der Seele und ihrer *Lebendigkeit* zu unterscheiden. Wenn die Voraussetzungen des Arguments richtig sind, dann ergibt sich daraus, dass die Seele eines lebenden Menschen vor dessen Geburt als tote existiert haben muss und nach seinem Tod als tote weiterexistieren wird. Platon hat also nur gezeigt, dass man die Existenz der Seele vor dem Anfang und nach dem Ende des Lebens annehmen muss, weil sich ansonsten der Übergang zwischen den Zuständen der Lebendigkeit und des Totseins nicht vollziehen könnte. Tatsächlich folgt aus dem Argument, dass »die Seelen der Verstorbenen irgendwo sein müssen, woher sie wieder lebend werden«[13]. Platon hat aber nicht nachgewiesen, dass die Seele vor der Geburt und nach dem Tod *als lebende* existiert, sondern das Gegenteil. Wenn sie nicht tot gewesen wäre, hätte sie nicht lebendig werden können. Also hat Platon mit dem ersten Argument nicht die Unsterblichkeit, sondern – entgegen seiner Absicht – die Sterblichkeit der Seele bewiesen.[14]

Zum Argument der Wiedererinnerung[15]: Das zweite Argument beruht auf Platons Lehre von der Wiedererinnerung (*anámnesis*), die er vor allem in dem Dialog *Menon* entwickelt hat. Ihr Grundgedanke besagt, dass es bestimmte Arten des Wissens gibt, die nicht durch sinnliche Erfahrung allein gewonnen werden können. Deshalb muss die Seele das Wissen dieser Art auf andere Weise erlangt haben. Sie muss es vor ihrer Vereinigung mit einem Körper durch die »geistige Schau« der Ideen erworben haben. Dies gilt sowohl für mathematische Einsichten als auch für das begriffliche Wissen von den Ideen.

Im *Phaidon* wird die Lehre von der Wiedererinnerung am Beispiel des Begriffs »Gleichheit« erläutert. Oft stellen wir fest, dass zwei Gegenstände in einer bestimmten Hinsicht gleich sind, beispielsweise in Bezug auf ihre Form, ihre Farbe oder das Material, aus dem sie bestehen. Dies können wir Platon zufolge nur, weil wir über den Begriff der Gleichheit an sich verfügen, der es uns erlaubt, die Übereinstimmung festzustellen. Nun kann aber dieser Begriff nicht durch die sinnliche Wahrnehmung gewonnen worden sein, weil uns in dieser immer nur einzelne Fälle begegnen, in denen sich Dinge gleichen, niemals jedoch die Gleichheit als solche. Das gilt auch für andere Begriffe, wie etwa »Schönheit«, »Gerechtigkeit« oder »Frömmigkeit«. Obwohl uns in der Erfahrung nur gerechte oder ungerechte Menschen gegeben sind, verfügen wir über die Begriffe der Gerechtigkeit und der Ungerechtigkeit.

Aus diesen Überlegungen zieht Platon folgenden Schluss: Da wir über allgemeine Begriffe, die sich auf Ideen beziehen, verfügen und da wir diese nicht mittels des Leibes durch die Wahrnehmung erworben haben können, muss die Seele auf andere Weise in ihren Besitz gelangt sein. Die Seele muss schon vor der Geburt existiert und Bekanntschaft mit den Ideen geschlossen haben. Also waren, sagt Sokrates, »die Seelen, auch ehe sie in menschlicher Gestalt waren, ohne Leiber, und hatten Einsicht«[16]. Lernen ist demnach nichts anderes als Wiedererinnerung. Platon lässt die Argumentation an dieser Stelle nur deshalb noch nicht enden, weil seiner Meinung nach aus der Präexistenz der Seele vor der Geburt nicht ihre Fortexistenz nach dem Tod folgt. Man kann das Ergebnis allerdings auch anders beurteilen. Wenn die Seele vor der Geburt ohne den Körper existierte, dann bedarf sie seiner offenbar nicht, um zu existieren. Warum sollte sie dann beim Tod des Leibes, von dem sie ja wesentlich verschieden ist, zu existieren aufhören?

Gegen das zweite Argument gibt es zwei wesentliche Einwände: Erstens lässt sich die Tatsache, dass Menschen zu allgemeinen begrifflichen und mathematischen Erkenntnissen gelangen, auch anders als durch die Wiedererinnerung erklären. Nichts spricht dagegen, dass Menschen über die besondere Fähigkeit verfügen, etwas zu verstehen, was sie zuvor nicht wussten, oder Fertigkeiten zu erwerben, die sie noch nicht hatten. Der Spracherwerb der Kinder liefert dafür ein einschlägiges Beispiel. Zweitens beruht auch dieses Argument auf der anfechtbaren Voraussetzung, dass die Seele eine eigenständige Substanz ist.

Zum Argument der Unteilbarkeit der Seele[17]: Der dritte Beweis der Unsterblichkeit der Seele hat sich in der Geschichte der Philosophie als außerordentlich einflussreich erwiesen. Platon unterscheidet zwischen zusammengesetzten und einfachen, also nicht zusammengesetzten Dingen. Zusammengesetzte Dinge sind durch die Verbindung ihrer Teile entstanden. So besteht zum Beispiel ein

Schiff aus den Planken, den Segeln, den Tauen usw. Weil zusammengesetzte Dinge aus Teilen bestehen, können sie sich auch wieder in ihre Bestandteile auflösen und dadurch zu existieren aufhören. Etwas Einfaches kann hingegen nicht in seine Teile zerlegt werden. Nun ist aber die Seele nach Platon unsichtbar und unteilbar, also etwas Einfaches. Deshalb kann sie weder entstanden sein noch vernichtet werden. Dieser Gedankengang beinhaltet die Annahme, dass es sich bei der Seele um eine nicht ausgedehnte Substanz handelt; denn wäre sie ausgedehnt, dann wäre sie auch teilbar und könnte aufgelöst werden.

Es ist bemerkenswert, dass sowohl das zweite als auch das dritte Argument nicht nur die Fortexistenz der Seele nach dem Tod, sondern ihre *Unvergänglichkeit* nachweisen sollen. Wenn diese Argumente richtig wären, würde daraus folgen, dass die Seele als unteilbare, immaterielle Substanz ewig existiert. Platon hat allerdings in anderen Dialogen, nämlich im *Phaidros* und in der *Politeia*, eine andere Lehre vertreten. Dort wird behauptet, dass die Seele aus verschiedenen Teilen besteht.[18] Ob beide Auffassungen miteinander vereinbar sind, muss hier offenbleiben.

Zum begrifflichen Argument der Lebendigkeit der Seele[19]: Der letzte Beweis für die Unsterblichkeit der Seele geht von der Voraussetzung aus, dass es Paare von Zuständen gibt, die sich wechselseitig ausschließen. Eine ungerade Zahl kann nicht gerade sein. Was warm ist, kann nicht zugleich kalt sein; ein gesunder Mensch nicht krank usw. Auch das Leben hat einen solchen Gegensatz: den Tod. Daher kann das, was lebt, niemals Anteil am Totsein haben. Die zweite Voraussetzung lautet, dass es ein wesentliches Merkmal der Seele ist, dass sie lebt. Lebendigkeit gehöre zu den Eigenschaften, die eine Seele ausmachen. Das zeige sich daran, dass die Seele dem Körper Lebendigkeit verleihe. Wenn nun die Seele immer lebt, weil sie ansonsten keine Seele wäre, dann kann sie niemals tot sein. Das heißt, dass »die Seele unmöglich, wenn der Tod an sie kommt, untergehen kann. Denn den Tod, vermöge des Vorhergesagten, kann sie nicht annehmen und gestorben sein, wie die Drei niemals gerade sein kann, ebensowenig wie das Ungerade selbst, noch auch das Feuer kalt, ebensowenig wie die Wärme in dem Feuer.«[20]

Auch das letzte Argument ist aus verschiedenen Gründen problematisch. Erstens muss man nicht annehmen, dass die Lebendigkeit nicht einem organischen Körper selbst zukommen kann und dass sie ihm deshalb nur von der Seele als einer eigenständigen Substanz verliehen werden kann. Schon Platons Schüler Aristoteles hat diese Auffassung zurückgewiesen und die Seele stattdessen als wesentliche, belebende *Eigenschaft des Körpers* charakterisiert. Deshalb hält Aristoteles die Frage, »ob die Seele und der Körper Eines sind«, für verfehlt.[21] Darüber hinaus folgt aus der Annahme, dass Lebendigkeit eine wesentliche Eigenschaft der Seele ist, nicht, dass sie ewig existiert, sondern nur dass sie lebt, *solange* sie existiert. Im Unterschied zu einem organischen Körper, der lebendig oder tot sein kann, könnte laut Voraussetzung die Seele nur so lange existieren, wie sie lebt. Dass sie ewig existiert, folgt daraus nicht.

Schließlich widerspricht die Voraussetzung des letzten Arguments dem Ergebnis des ersten Beweises. Dieser hatte ergeben, dass die Seele gemäß dem Grundsatz, dass alles aus seinem Gegenteil entsteht und wieder zu seinem Gegenteil wird, vor der Geburt als tote Seele existierte und dass sie nach dem Tod als tote fortexistieren wird. Wenn die Seele die Eigenschaft des Totseins nicht annehmen kann, dann ist das unmöglich. Somit sind der erste und der vierte Beweis nicht widerspruchsfrei vereinbar.

Unter den Interpreten herrscht heute keine Einigkeit darüber, ob Platon mit den hier vorgestellten Argumenten tatsächlich die Unsterblichkeit der Seele beweisen wollte oder ob er mit ihnen andere Zwecke verfolgte.[22] Mit Bezug auf die Wirkungsgeschichte des *Phaidon* lässt sich jedoch feststellen, dass die in diesem Dialog vorgetragenen Argumente bis in die Neuzeit als Beweise der Unsterblichkeit der Seele aufgefasst wurden. Als Beleg dieser Wirkung sei hier exemplarisch Moses Mendelssohns 1767 erschienene Schrift *Phädon oder über die Unsterblichkeit der Seele* angeführt.[23] Dieses Buch, in dem der Autor einerseits an Platon anknüpft und andererseits dessen Beweise der Unsterblichkeit zu vervollkommnen versucht, war außerordentlich erfolgreich. Es wurde mehrmals neu aufgelegt und in zahlreiche Sprachen übersetzt.

Als einflussreichstes Argument für die Unsterblichkeit erwies sich das Argument der Einfachheit der Seele. Es findet sich in ähnlicher Form wie bei Platon auch bei René Descartes (1596–1650), einem der Begründer der neuzeitlichen Philosophie. In seinen *Meditationen über die Erste Philosophie* von 1641[24] vertritt er die Auffassung, dass es neben Gott als selbstständiger Substanz in der Welt zwei Arten abhängiger Substanzen gibt: Alle ausgedehnten Dinge fallen unter den Begriff der ausgedehnten Substanz (*res extensa*); alle nicht ausgedehnten, denkenden Dinge werden mit dem Begriff der denkenden Substanz (*res cogitans*) bezeichnet. Descartes zufolge ist es ausgeschlossen, dass Körper denken können. Da es darüber hinaus unbezweifelbar ist, dass ein Mensch denkt, wenn er alles, was ihm bisher als gewiss galt, bezweifelt, muss es denkende Substanzen geben. Der Mensch ist nach Descartes daher ein zusammengesetztes Wesen, das aus einem teilbaren Körper und dem unräumlichen Geist besteht. Wie schon Platon zieht Descartes daraus den Schluss, dass die Seele aufgrund ihrer Einfachheit und Unkörperlichkeit nicht vernichtet werden kann.

Neben Descartes und Mendelssohn zählen zu den modernen Philosophen, die die Lehre von der Unsterblichkeit der Seele oder des Geistes vertraten, unter anderem Baruch de Spinoza, Gottfried Wilhelm Leibniz, Christian Wolff, Johann Gottfried Herder, Max Scheler und Henri Bergson. In der Neuzeit mehrten sich jedoch auch die Zweifel an der Unsterblichkeit der Seele. Die wichtigsten Einwände gegen die Annahme einer unsterblichen seelischen Substanz stammen von David Hume und Immanuel Kant.

Hume (1711–1776), ein zentraler Vertreter des Empirismus, prüft in seiner 1779 posthum erschienenen Schrift *Über die Unsterblichkeit der Seele* alle geläufigen Argumente für die Fortexistenz der Seele nach dem Tod. Er gelangt zu dem Ergebnis, dass keines von ihnen zu überzeugen vermag. Hume fügt – offenbar in ironischer Absicht – hinzu, dass allein die Heilige Schrift und der Glaube die Unsterblichkeit der Seele verbürgen. Von seinen Einwänden gegen die Möglichkeit der Fortexistenz seien hier drei angeführt. Erstens verwirft Hume den Begriff der Substanz mit der Begründung, dass er vage sei. Mit Bezug auf unsere Wahrnehmungen bezeichne er nur die Menge aller Eigenschaften, »die einem unbekannten Etwas anhängen«[25]. Es sei daher ungerechtfertigt, die Existenz einer geistigen Substanz anzunehmen. Damit entfalle die Grundlage für den Glauben an die Unsterblichkeit der Seele.

Während Humes erster Einwand auf der umstrittenen empiristischen Voraussetzung beruht, dass es keine eigenständigen Substanzen gibt, sind andere seiner Argumente unabhängig von seiner erkenntnistheoretischen Position. Dies gilt für folgenden Einwand: Nehmen wir einmal mit Platon, Descartes und anderen an, dass es geistige Substanzen gibt, die einfach und daher unteilbar sind. Was, fragt Hume, folgt daraus für das persönliche Schicksal eines Menschen? Laut Voraussetzung »ist dasjenige, was unvergänglich ist, auch unentstehbar«[26]. Das bedeutet: »Wenn demnach die Seele unsterblich ist, so existierte sie auch vor der Geburt; und wenn diese frühere Existenz uns nichts angeht, so tut es auch die folgende nicht.«[27] Hume weist hier darauf hin, dass wir keine Erinnerungen an die Zeit vor unserer Geburt haben. Selbst wenn meine Seele schon vor meiner Geburt existiert haben sollte, wäre sie also nicht in dem Maß identisch mit mir, dass sie die personale Identität zwischen meinem vorgeburtlichen und meinem jetzigen Dasein gewährleisten könnte. Wenn dies so ist, dann gilt das Gleiche auch für die Existenz meiner Seele nach meinem Tod. Auch die nach meinem Tod weiterexistierende Seele wäre mit mir als leiblich-seelischem Wesen nicht identisch. Demnach folgt aus der Unvergänglichkeit der Seele nicht die *persönliche Unsterblichkeit* der Menschen.

Ein weiterer Einwand Humes gegen die Lehre von der Unsterblichkeit der Seele beruft sich auf die Erfahrungen der Abhängigkeit zwischen Körper und Geist. Die alltägliche Erfahrung lehrt uns, dass körperliche und geistige Veränderungen häufig miteinander einhergehen. Wer einschläft oder narkotisiert wird, der verliert zeitweise das Bewusstsein; der Verfall der körperlichen Kräfte im Alter wird von der Abnahme der geistigen Fähigkeiten begleitet usw. Hume fasst diesen Gedanken so zusammen: »Alles ist gemeinsam zwischen Leib und Seele. Die Organe des einen sind alle zugleich Organe der andern; daher muß auch das Dasein der einen von dem der andern abhängen.«[28] Wenn diese Beobachtung zutrifft, dann müssen der Tod des Körpers und der des Geistes immer gemeinsam eintreten. Welche Überzeugungskraft man diesem Einwand zusprechen wird, hängt offensichtlich davon ab, ob man von einer monistischen oder einer dualistischen Anthropologie ausgeht.

Auf andere Weise als Hume hat sich Immanuel Kant (1724–1804) mit dem Problem der Unsterblichkeit der Seele auseinandergesetzt. Er hat einerseits nachzuweisen versucht, dass es keinen hinreichenden theoretischen Grund für die Annahme einer seelischen Substanz gibt. Andererseits hat er die Auffassung vertreten, dass wir aufgrund eines praktischen Interesses annehmen dürfen, dass die Seele den Tod des Körpers überdauern wird.

Kant hat das Argument gegen die Existenz einer einfachen seelischen Substanz in seinem Hauptwerk, der *Kritik der reinen Vernunft*, in dem Abschnitt mit dem Titel »Von den Paralogismen der reinen Vernunft« entwickelt.[29] Unter einem »Paralogismus der reinen Vernunft« versteht Kant einen Fehlschluss, der sich daraus ergibt, dass die reine, das heißt nicht unmittelbar auf die Erfahrung bezogene Vernunft empirische Begriffe auf Fragen anwendet, die grundsätzlich nicht allein mit Bezug auf Wahrnehmungen beantwortet werden können. Kant setzt sich in diesem Abschnitt mit der sogenannten rationalen Psychologie, insbesondere mit Descartes' Lehre von der denkenden Substanz, auseinander.

Seine Kritik steht im Zusammenhang mit dem Problem der Einheit des Bewusstseins und des Selbstbewusstseins. Empiristen wie John Locke und David Hume hatten behauptet, dass es keine seelische Substanz gibt und dass das Bewusstsein nichts anderes ist als die Menge aller Bewusstseinsinhalte (Wahrnehmungen, Gedanken usw.). Diese Auffassung kann Kant zufolge nicht erklären, wie verschiedene Bewusstseinsinhalte, die nacheinander vorkommen, im Bewusstsein eines Subjekts zusammengefasst werden. Wenn man die unbestreitbare Einheit des Bewusstseins verständlich machen will, muss man deshalb nach Kant davon ausgehen, dass es eine einheitstiftende Funktion gibt, welche die zahlreichen Wahrnehmungen und Gedanken so aufeinander bezieht, dass sie alle zu ein und demselben Subjekt gehören. Kant bezeichnet diese Funktion als transzendentale Apperzeption.

Die Leistung der transzendentalen Apperzeption lässt sich durch das Urteil »Ich denke« zum Ausdruck bringen, von dem Kant sagt, dass es alle meine Vorstellungen begleiten können muss. Gemeint ist damit in etwa Folgendes: Bei allem, was ich wahrnehme, denke oder fühle, kann ich grundsätzlich sagen, dass *ich* es bin, der etwas sieht, hört, denkt oder fühlt. Für alles, was mir gegenwärtig ist, gilt, dass es jeweils *mein* Bewusstseinsinhalt ist. Sofern ich etwas wahrnehme, bin ich auch imstande, zu wissen, dass ich etwas wahrnehme; wenn ich an etwas denke, dann kann ich mich darauf beziehen, indem ich denke, dass ich an etwas denke.

Nach Kant begehen nun Descartes und andere Vertreter der rationalen Psychologie den Fehler, dass sie aus dieser *funktionalen* Einheit des Bewusstseins auf dessen Substanzialität und Einfachheit schließen. Dieser Schluss ist deshalb fehlerhaft, weil sich der Begriff der Substanz sinnvollerweise nur auf wahrnehmbare Dinge beziehen lässt. So kann man eine bestimmte Menge Wasser als Substanz von ihren wesentlichen und akzidentellen Eigenschaften unterscheiden. In dem Urteil »Ich denke« wird nun aber nicht ausgedrückt, dass es eine einfache, unteilbare und immaterielle Substanz gibt, die denkt, sondern nur, dass das Bewusstsein auf einer einheitstiftenden Funktion beruht. Aus dieser Kritik an den Paralogismen der reinen Vernunft ergibt sich, dass es keine zureichenden theoretischen Gründe für die Annahme der Existenz einer seelischen Substanz gibt. Unter »theoretischen Gründen« sind hier erkenntnistheoretische oder metaphysische Gründe zu verstehen. Damit entfällt die Voraussetzung für das entscheidende Argument für die Unsterblichkeit der Seele.

Wie bereits angedeutet wurde, war Kant jedoch nicht nur ein Kritiker der Lehre von der Unsterblichkeit, vielmehr war er zugleich einer ihrer wichtigsten Vertreter. In der *Kritik der praktischen Vernunft* hat er die Auffassung vertreten, dass wir berechtigt sind, die Seele für unsterblich zu halten, obwohl sich theoretisch nicht nachweisen lässt, dass sie existiert und unsterblich ist.[30] Um diese auf den ersten Blick widersprüchliche Position verständlich zu machen, sollen kurz einige Grundgedanken der kantischen Ethik dargestellt werden. Kant zufolge unterstehen wir als vernünftige Wesen dem allgemein gültigen Sittengesetz, dessen Forderungen im kategorischen Imperativ ausgedrückt werden. Seine bekanntesten Formeln besagen sinngemäß, dass wir nur nach den Grundsätzen handeln dürfen, von denen wir widerspruchslos wollen können, dass sie als allgemeine Gesetze für alle vernünftigen Wesen gelten, und dass man kein Vernunftwesen für die eigenen Zwecke instrumentalisieren darf.

Wir Menschen sind nun nicht nur vernünftige, sondern auch sinnliche Wesen. Als solche haben wir Bedürfnisse und Neigungen, die oft nicht ohne Weiteres mit den Anforderungen der Moral übereinstimmen. Kant zufolge ist es endlichen Vernunftwesen wie uns grundsätzlich versagt, moralische Vollkommenheit zu erlangen. Andererseits verlangt aber das Sittengesetz von uns, dass wir uns darum bemühen, uns dem Ideal der moralischen Vollkommenheit so weit wie möglich anzunähern. Wenn man davon ausgeht, dass das Leben eines Menschen mit seinem Tod vollständig endet, dann ist die Zeit, in der ein Mensch nach moralischer Vollkommenheit streben kann, notwendigerweise begrenzt. Dies wäre aber unvereinbar mit der sittlichen Forderung, sich dem Ideal in einem prinzipiell unendlichen Prozess der moralischen Vervollkommnung anzunähern. Deshalb haben wir Kant zufolge als vernünftige Wesen das praktische *Bedürfnis*, die Unsterblichkeitslehre für wahr zu halten.

Dass wir auch dazu berechtigt sind, an die Unsterblichkeit der Seele zu glauben, ergibt sich nach Kant aus der Interpretation seiner Kritik an den Paralogismen. Ihr Ergebnis lautete, dass es keinen zureichenden theoretischen Grund für die Annahme der Existenz einer seelischen Substanz gibt. Gezeigt wurde also, dass sich das Dasein der Seele nicht beweisen lässt. Daraus folgt nicht, dass sich das Gegenteil beweisen lässt, und somit auch nicht, dass keine Seelen als Substanzen existieren. Vielmehr bleibt die Frage, ob es Seelen gibt, offen. Unter dieser Voraussetzung ist es nach Kant erlaubt, aufgrund unseres praktischen Bedürfnisses das Urteil, dass die Seele unsterblich ist, für wahr zu halten, weil diese Annahme nicht im Widerspruch zu dem Resultat der Kritik an den Paralogismen steht. Eine Aussage, die theoretisch weder bestätigt noch widerlegt werden kann, die aber aus einem vernünftigen praktischen Bedürfnis heraus für wahr gehalten wird, heißt bei Kant »Postulat der reinen praktischen Vernunft«.

Kants Postulat der Unsterblichkeit der Seele ist problematisch, weil es auf einer fragwürdigen Voraussetzung beruht und weil es Schwierigkeiten mit sich bringt, die bisher nicht überwunden werden konnten. Problematisch ist zunächst, dass wir etwas, nämlich die Existenz einer seelischen Substanz, allein aufgrund eines allgemein-menschlichen Bedürfnisses für wahr halten sollten, obwohl weder begriffliche noch empirische Gründe dafür sprechen. Zweitens darf bezweifelt werden, ob es tatsächlich ein allgemeines Bedürfnis der Vernunft ist, dass die unendliche Annäherung an das Ideal der moralischen Vollkommenheit möglich ist. Schließlich ist darauf hinzuweisen, dass das Postulat der Unsterblichkeit der Seele das Postulat der *Existenz der Seele als immaterieller Substanz* voraussetzt. Nur wenn man davon ausgeht, dass es eine immaterielle, seelische Substanz gibt, kann man behaupten, dass diese unsterblich ist. Diese Annahme wirft aber gravierende Probleme auf, auf die gleich eingegangen wird.

Nach Kant sind in der philosophischen Debatte über die Unsterblichkeit der Seele keine nennenswerten Neuerungen mehr zu registrieren. Erwähnenswert sind allerdings zwei Tendenzen im 19. und 20. Jahrhundert: Einerseits verliert das Thema innerhalb der philosophischen Thanatologie an Bedeutung. Dies dürfte damit zusammenhängen, dass sich die Philosophie mehr und mehr von religiösen Annahmen gelöst und säkularisiert hat. Andererseits ist zu beobachten, dass andere, neu entstandene Disziplinen wichtige Beiträge zur Lösung des Problems der Unsterblichkeit beigesteuert haben. Zu nennen sind hier vor allem die Physiologie und die Hirnforschung.

Aufgrund der empirischen Erkenntnisse der Neurowissenschaften kann heute nicht mehr bezweifelt werden, dass alle Bewusstseinsleistungen bestimmte neuronale Funktionen voraussetzen. Außerdem können einzelne dieser Leistungen bestimmten Hirnregionen zugeordnet werden. Diese Feststellungen sprechen gegen die Unabhängigkeit der geistigen Leistungen von körperlichen Voraussetzungen und gegen die Annahme der Einfachheit des Geistes.

Zusammenfassend lässt sich feststellen, dass weder begriffliche noch empirische Gründe für die Existenz und die Unsterblichkeit der Seele sprechen. Daher liegt die Beweislast nicht bei den Kritikern der Unsterblichkeitslehre, sondern bei ihren Verfechtern. Diese müssten überzeugende Antworten auf folgende Fragen geben können: 1. Wie kann eine immaterielle Substanz an einem bestimmten Ort im Raum sein? Nur wenn sie dies kann, lässt sich verständlich machen, dass jeweils eine Seele mit einem Körper verbunden ist. 2. Wie können zwei Substanzen, die wesentlich verschieden sind, die nichts miteinander gemein haben und verschiedenartigen Gesetzmäßigkeiten unterstehen, aufeinander einwirken? Wie also lässt sich erklären, dass der Körper auf die Seele wirken kann und diese auf jenen, obwohl der eine materiell und die andere immateriell ist? 3. Was spricht dafür, dass die Seele, die nach dem Tod fortexistieren würde, mit dem Menschen, der vor dem Tod aus Seele und Körper bestünde, personal identisch wäre? Nur wenn dies gewährleistet wäre, könnte man sinnvollerweise von personaler Unsterblichkeit sprechen. – Ob die Vertreter der Unsterblichkeitslehre in der Zukunft überzeugende Antworten auf diese schwierigen Fragen geben werden, bleibt abzuwarten. Bisher ist es ihnen nicht gelungen.

Die Bedeutung des Todes für das Leben

Ist der Tod ein Gut oder ein Übel oder keines von beiden?

Die meisten Menschen fürchten ihren Tod, weil sie ihn für etwas Schlechtes halten. Doch was ist schlecht am Tod, und ist er überhaupt ein Übel? Mit diesen Fragen hat die Philosophie sich schon sehr früh beschäftigt. Eine einheitliche Antwort konnte sie freilich nicht geben, weil Dualisten den Tod anders beurteilen als Materialisten. Wer von der Unsterblichkeit der Seele überzeugt ist, der wird den Tod anders bewerten als diejenigen, die den Tod für das vollständige Ende der menschlichen Existenz halten.

Wie bereits dargestellt wurde, hat Platon – ein Vertreter der dualistischen Anthropologie – den Tod als Trennung der Seele vom Leib charakterisiert, wobei er die Seele als unzerstörbar betrachtet. Darüber hinaus lässt er seinen Sokrates die Auffassung vertreten, dass sich die Seelen aller Verstorbenen in der Unterwelt der Toten befinden, dem Hades. Unter diesen Voraussetzungen liegt es nahe, dass der Tod nichts Schlechtes, sondern vielmehr etwas Gutes ist. Sokrates kann davon ausgehen, dass er durch seine Hinrichtung von vielen unangenehmen Umständen befreit werden wird. Insbesondere wird seine Seele vom Körper befreit werden, der für die Erkenntnis der Ideen ein Hindernis darstellt. Außerdem wird Sokrates nach seinem Tod für immer der Tätigkeit nachgehen können, die ihm die wertvollste ist: »[...] ich könnte die Leute dort ständig prüfen und ausfragen – wie die hiesigen –, wer von ihnen weise ist und wer sich dafür hält, ohne es zu sein.«[31] Wenn man von einer dualistischen Anthropologie ausgeht, dann muss man den Tod also nicht als etwas Schlechtes ansehen. Ob der Tod für den Einzelnen gut oder schlecht sein wird, hängt in diesem Fall davon ab, was ihn nach seinem Tod erwartet.

Wie verhält es sich aber, wenn man unterstellt, dass keine eigenständige seelische Substanz existiert und dass daher das Leben eines Menschen mit dem Tod vollständig endet? – Von dem griechischen Philosophen Epikur (ca. 341–271 v. Chr.), einem Vertreter des antiken Materialismus, stammt ein ebenso einfaches wie einflussreiches Argument gegen die Schlechtigkeit des Todes.[32] Epikur geht davon aus, dass für einen Menschen nur das gut oder schlecht sein kann, was dieser Mensch wahrnehmen oder erleben kann. Was keinen Einfluss auf das Leben eines Menschen hat, das kann diesem weder zum Guten noch zum Schlechten gereichen. Das schließt nicht aus, dass Ereignisse, die vor seiner Geburt stattfanden oder die sich in weiter Ferne ereignen, gut oder schlecht für ihn sein können. Entscheidend ist nicht, wie nah oder weit etwas entfernt ist, sondern ob das entsprechende Ereignis sich auf den Menschen auswirkt. Dieses Kriterium dafür, ob etwas überhaupt gut oder schlecht für jemanden sein kann, wird heute als »Erlebbarkeitsbedingung« oder als »Existenzbedingung« bezeichnet.

Die zweite Voraussetzung des Arguments lautet, dass niemand seinen eigenen Tod erleben kann, weil der Tod das Ende des Lebens ist. Aus diesen beiden Prämissen ergibt sich folgender Schluss:

(P 1) Für einen Menschen kann nur das gut oder schlecht sein, was er erleben kann.
(P 2) Niemand kann seinen eigenen Tod erleben.
(K) Der Tod ist weder etwas Gutes noch etwas Schlechtes.

Epikur zielte mit diesem Argument vor allem darauf ab, seine Mitmenschen davon zu überzeugen, dass der Tod kein Übel ist. Seine Überlegung zeigt jedoch nicht nur, dass der Tod nicht schlecht sein kann, sondern auch, dass er nichts Gutes ist. Diese Auffassung wurde auch von anderen antiken Denkern vertreten, die den Tod zu den sittlich gleichgültigen Dingen (*adiáphora*) rechneten, das heißt zu den Dingen, »die keinen Unterschied machen«.

Wenn nun der Tod kein Übel ist, dann gibt es auch keinen vernünftigen Grund, ihn zu fürchten. Die Furcht vor etwas ist nämlich nur dann berechtigt, wenn es sich bei dem Gefürchteten um etwas Schlechtes handelt. Somit erweist sich Epikurs Argument gegen die Schlechtigkeit des Todes zugleich als ein Argument gegen die Berechtigung der Todesfurcht. Nun könnte man ihm entgegenhalten, dass das Schlechte am Tod nicht dessen Eintreten ist, sondern das Wissen darum, dass man sterben muss. Epikur hat diesen Einwand vorweggenommen und beantwortet: »Darum schwätzt der, der sagt, er fürchte den Tod nicht, weil er ihn bedrücken wird, wenn er da ist, sondern weil er ihn jetzt bedrückt, wenn er noch aussteht. Denn was uns, wenn es da ist, nicht bedrängt, kann uns, wenn es erwartet wird, nur sinnlos bedrücken.«[33] Das Wissen um unseren bevorstehenden Tod wäre nur dann ein akzeptabler Grund dafür, den Tod zu fürchten, wenn dieser bei seinem Eintreten etwas Schlechtes wäre. Da dies nach Epikur nicht der Fall ist, gibt es keinen guten Grund, Angst vor dem Tod zu haben.

Epikurs Argument hat sich als außerordentlich einflussreich erwiesen. Bis in die Gegenwart hinein wird es von den einen kritisiert und von anderen verteidigt. Einer der Gründe für die Aktualität seiner Beurteilung des Todes liegt zweifellos darin, dass sein Atomismus grundsätzlich mit dem heute herrschenden Materialismus übereinstimmt. Beiden Auffassungen zufolge ist der Tod das vollständige Ende des Lebens, weil sie auf der Annahme beruhen, dass alle seelischen und geistigen Fähigkeiten von den physischen Lebensfunktionen abhängen.

Der römische Schriftsteller Lukrez (ca. 98–55 v. Chr.), der ein Anhänger der epikureischen Philosophie war, hat ein weiteres Argument gegen die Berechtigung der Todesfurcht entwickelt, das heute als *Symmetrie-Argument* bezeichnet wird:

(P 1) Vor der Geburt eines Menschen ist unendlich viel Zeit vergangen.
(P 2) Nach dem Tod eines Menschen wird unendlich viel Zeit vergehen.
(P 3) Niemand hält es für ein Übel, dass er die unendlich lange Zeit vor seiner Geburt nicht erlebt hat.
(P 4) Die Zeit vor der Geburt und die Zeit nach dem Tod verhalten sich symmetrisch zueinander.
(K) Also kann die unendlich lange Zeit nach dem Tod nichts Schlechtes sein.

Eine Pointe dieses Gedankengangs besteht darin, dass die Zeit, die uns der Tod rauben wird, in jedem Fall unendlich lang sein wird, unabhängig davon, wann wir sterben werden.

Beide Argumente gegen die Schlechtigkeit des Todes verdienen es, ernst genommen zu werden. Sie scheinen aber wichtige Aspekte des Todes gar nicht zu berühren. Zum einen dürften viele Menschen nicht den Zustand nach dem Tod für etwas Schlechtes halten, sondern die Tatsache, dass durch den Tod ihr Leben beendet wird. Zum anderen neigen wir dazu, bei der Beurteilung des Todes dem *Alter des Verstorbenen* Bedeutung beizumessen. Dem Anschein nach ist der Tod eines Neunzigjährigen, der ein erfülltes Leben hinter sich hat, weniger schlecht als der Tod eines Zwanzigjährigen. Schließlich scheint auch Lukrez' Symmetrieargument das Problem zu verfehlen, weil wir im Allgemeinen nicht bedauern, dass es uns unendlich lange nicht geben wird, sondern dass uns durch den Tod eine begrenzte Lebensspanne geraubt wird. Angesichts dieser Bedenken dürfte es nicht erstaunen, dass die Behauptung, der Tod könne nicht schlecht sein, nicht unwidersprochen geblieben ist.

Bevor die Gründe, die für die Schlechtigkeit des Todes angeführt worden sind, näher erörtert werden, muss eine wichtige begriffliche Unterscheidung eingeführt werden. Es empfiehlt sich, zwischen »Tod«, »Totsein« und »Zeit des Nichtmehrlebens« zu unterscheiden. »Tod« bezeichnet das Ende des Lebens, also ein Ereignis, »Totsein« den Zustand des Leichnams und »Zeit des Nichtmehrlebens« den Zeitraum nach dem Tod, in dem der Verstorbene nicht mehr lebt. Wenn man diese Unterscheidung berücksichtigt, lässt sich präzise angeben, worauf sich Epikurs und Lukrez' Argumente beziehen. Epikur hat gezeigt, dass das Totsein und das Nichtmehrleben weder gut noch schlecht sein können. Was hingegen den Tod als Ereignis betrifft, so hat er nur nachgewiesen, dass dieser insofern kein Übel sein kann, als er nicht erlebt wird. Epikur hat aber keinen Grund dafür angeführt, dass die Beendigung des Lebens – unabhängig davon, dass sie nicht erlebt wird – schlecht sein kann. Das Argument des Lukrez bezieht sich hingegen nur auf die unendliche Zeit des Nichtmehrlebens. Dem Tod als Ereignis, durch welches das Leben beendet wird, schenkt er keine Beachtung. Keiner der beiden Denker hat alle Aspekte des Lebensendes berücksichtigt. Deshalb wird ihre Beurteilung des Todes möglicherweise dem Gegenstand nicht gerecht.

Doch nun zu den Gründen, die für die Schlechtigkeit des Todes angeführt werden. In seinem viel diskutierten Aufsatz »Der Tod« hat sich der amerikanische Philosoph Thomas Nagel (geb. 1937) kritisch mit Epikur und Lukrez auseinandergesetzt und die These vertreten, dass es immer schlecht ist zu sterben.[34]

Lukrez geht davon aus, dass sich die unendlichen Zeiträume vor der Geburt und nach dem Tod symmetrisch zueinander verhalten. In beiden Fällen wird einem Menschen unendlich viel Zeit möglicher Existenz geraubt. Doch Nagel zeigt, dass hier die Voraussetzung falsch ist. Der Zeitpunkt des Lebensbeginns ist für die Identität eines Menschen konstitutiv, der Zeitpunkt des Todes nicht. Wenn jemand früher stirbt, als er hätte sterben können, dann wird er durch den Tod einer Lebensspanne, die *er* hätte erleben können, beraubt. Das gilt nicht für den Beginn des Lebens.

Wenn dasselbe Elternpaar zu einem wesentlich früheren oder späteren Zeitpunkt ein Kind gezeugt hätte, als es dies tatsächlich getan hat, dann wäre ein *anderer* Mensch entstanden. Deshalb ist die Aussage falsch, dass ein Mensch länger gelebt hätte, wenn er früher gezeugt worden wäre, denn in diesem Fall wäre nicht er, sondern ein anderer Mensch früher gezeugt worden. Der Unterschied lässt sich an einem Beispiel verdeutlichen. Julius Cäsar wurde im Jahr 100 v. Chr. geboren. Wenn seine Eltern statt seiner ein anderes Kind im Jahr 102 v. Chr. gezeugt hätten, dann wäre dieses Kind nicht derselbe Mensch gewesen wie Cäsar. Wenn Cäsar aber nicht im Jahr 44 v. Chr. von den Verschwörern ermordet worden wäre, sondern erst 34 v. Chr. an einer Krankheit gestorben wäre, dann wäre er in diesen zehn zusätzlichen Lebensjahren derselbe wie zuvor gewesen. Aus diesem Grund verhalten sich die Zeiten vor der Zeugung und nach dem Tod nicht symmetrisch zueinander. Während uns der vorzeitige Tod einer möglichen Lebensspanne berauben kann, kann die »verspätete« Zeugung dies nicht.

Hinzu kommt ein weiterer Grund, der gegen die Symmetrie der beiden Zeiträume spricht. Die Vergangenheit spielt für uns Menschen eine andere Rolle als die Zukunft. Unsere Möglichkeiten, Wünsche und Projekte beziehen sich stets auf die Zukunft, nicht auf die Vergangenheit. Deshalb kann der Tod die Verwirklichung bestimmter Wünsche vereiteln, die Zeugung oder die Geburt hingegen nicht. Lukrez' Symmetrieargument beruht also auf einer falschen Voraussetzung.

Nagel hat sich auch mit Epikur auseinandergesetzt. In diesem Zusammenhang gesteht er zwar zu, dass der Zustand des Totseins und das Nichtmehrleben nicht schlecht sein können, er weist aber darauf hin, dass wohl kaum jemand die Zeit nach seinem Tod fürchtet, sondern den Verlust seines Lebens. Nun hatte aber Epikur nachzuweisen versucht, dass nicht nur das Totsein, sondern auch der Tod insofern kein Übel sein kann, als er nicht erlebt wird. Wie bereits dargelegt wurde, beruht diese Behauptung auf der sogenannten Erlebbarkeitsbedingung, der zufolge nur das gut oder schlecht für einen Menschen sein kann, was von ihm erlebt werden kann. Die Gültigkeit dieser Bedingung bestreitet Nagel, indem er plausible Beispiele dafür anführt, dass etwas schlecht für jemanden sein kann, obwohl er es nicht erlebt oder nichts davon weiß. Wenn beispielsweise ein erwachsener Mensch infolge eines Unfalls auf den Entwicklungsstand eines Säuglings zurückgeworfen wird, dann werden ihn seine Mitmenschen wohl zu Recht bedauern, obwohl der Betroffene sich nicht darüber im Klaren sein kann, dass ihm ein Übel zugestoßen ist. Warum bedauern ihn die anderen? Weil sie seinen jetzigen mit seinem früheren Zustand *vergleichen* und die Veränderung als eine Verschlechterung bewerten. Wenn der verhängnisvolle Unfall nicht geschehen wäre, dann wäre der Betroffene nun immer noch ein selbstständiger, denk- und handlungsfähiger Mensch. In diesem Fall spielt also die *Geschichte* des betroffenen Menschen die entscheidende Rolle.

Anders verhält es sich, wenn ein Mann von seiner Frau betrogen wird und er nichts davon weiß. Dieser Fall ist möglicherweise nicht so eindeutig wie der vorige, aber viele werden der Ansicht sein, dass es für einen Menschen schlecht ist, betrogen zu werden, und zwar unabhängig davon, ob er davon weiß oder nicht. Der Grund dafür liegt nicht darin, dass es verletzend ist, von dem Betrug zu erfahren: »Denn für gewöhnlich sagt man ja, daß das Aufdecken eines Verrats uns unglücklich macht, weil es schlecht ist, verraten zu werden, und nicht etwa, daß es schlecht ist, verraten zu werden, weil die Entdeckung uns unglücklich macht.«[35] Auch im Fall des betrogenen Mannes bezieht sich das Urteil über die Schlechtigkeit des Betrogenwerdens nicht auf das, was der Mann weiß oder erlebt, sondern auf sein Verhältnis zu anderen Menschen und darauf, wie diese Relation im günstigeren Fall beschaffen sein könnte. Übel, die auf solchen biografischen oder zwischenmenschlichen Verhältnissen beruhen, bezeichnet Nagel als »relationale Übel«.

Wenn Nagels Beispiele zu überzeugen vermögen, dann ist damit gezeigt, dass die von Epikur aufgestellte Erlebbarkeitsbedingung für Güter und Übel nicht ausnahmslos gilt. Daraus folgt, dass der Tod gut oder schlecht sein kann, obwohl er nicht erlebt wird. – Was spricht nun nach Nagel dafür, dass der Tod in jedem Fall ein Übel ist?

Nagels Antwort lautet, dass der Tod deshalb schlecht ist, weil er uns bestimmter guter Dinge beraubt. Zu ihnen zählen einige spezifisch menschliche Fähigkeiten, zum Beispiel die Fähigkeiten wahrzunehmen, zu wünschen, zu denken und zu handeln. Nagel behauptet, dass der Besitz dieser Fähigkeiten das Leben *in jedem Fall* lebenswert macht – selbst dann, wenn einem Menschen viel mehr Schlechtes als Gutes widerfährt. Ihr Wert hänge nämlich nicht davon ab, *was* jemand erlebt, sondern davon, *dass* er überhaupt etwas erleben kann: »Was aber übrig bleibt, wenn man von diesen Komponenten [den guten oder schlechten Inhalten der Erfahrung] absieht, ist eben nicht bloß neutral, es ist entschieden positiv. Deshalb ist das Leben lebenswert, selbst wenn sich die üblen Erlebnisse häufen und die guten so dürftig sind, daß sie allein keinen Ausgleich schaffen können. Den Ausschlag zum Positiven gibt dann die Erfahrung selbst und nicht einer ihrer Inhalte.«[36]

Diese Behauptung ist nun offensichtlich anfechtbar, weil »die Erfahrung selbst« eine begriffliche Abstraktion ist. In der Wirklichkeit gibt es nur Erfahrungen, die jeweils einen bestimmten Inhalt haben. Deshalb ist jede Erfahrung mehr oder weniger gut oder schlecht. Es gibt keine neutrale Erfahrung, die unabhängig von ihren Inhalten wäre. Man kann sich dies an einem Beispiel verdeutlichen. Nehmen wir an, dass ein alter Mensch schwer krank, vereinsamt und depressiv ist. In seinem Leben überwiegt das Negative bei Weitem das Positive. Ließe sich mit Bezug auf diesen Menschen sagen, dass sein Leben für ihn dennoch lebenswert ist, weil er immerhin noch Erfahrungen macht? – Wohl kaum.

Wenn dieser Einwand zutrifft, dann muss man aus Nagels These, dass es relationale Güter und Übel gibt, einen anderen Schluss ziehen als er: Der Tod kann für den Betroffenen *entweder gut oder schlecht* sein. Das wird davon abhängen, ob die noch zu erwartende Lebenszeit für ihn lebenswert wäre oder nicht. Weil man das nicht immer im Voraus wissen kann, lässt sich allerdings manchmal keine sichere Aussage darüber treffen, ob der Tod zu einem bestimmten Zeitpunkt für jemanden gut oder schlecht wäre. Der Verweis auf solche Fälle spricht jedoch nicht für, sondern gegen Nagels These, die ja besagt, dass der Tod immer schlecht für den Betroffenen ist. – Obwohl es Nagel also nicht gelungen ist, nachzuweisen, dass der Tod in jedem

Fall ein Übel ist, hat er zumindest in seiner Auseinandersetzung mit Epikur gezeigt, dass der Tod schlecht sein *kann.*

Zu dem gleichen Ergebnis gelangt auf einem anderen Weg auch der britische Philosoph Bernard Williams (1929–2003). In seinem Aufsatz »Die Sache Makropulos. Reflexionen über die Langeweile der Unsterblichkeit« geht er von der unbestreitbaren Tatsache aus, dass Menschen Wünsche haben. Eine Zukunft, in der man das Gewünschte erreicht, ist in der Regel besser als eine Zukunft, in der einem das Gewünschte versagt bleibt. Daraus folgt nach Williams Folgendes: »Etwas wollen heißt in eben dem Maße auch Grund haben, sich dem zu widersetzen, was den Besitz dieses Dinges ausschließt; und der Tod ist gewiß etwas, das sehr viele Dinge ausschließt, die man sich wünscht.«[37] Wenn der Tod schlecht ist, dann nicht deshalb, weil das Totsein oder die Zeit des Nichtmehrlebens Übel wären, sondern weil er die Verwirklichung unserer Wünsche verhindert.

Allerdings gilt dies nach Williams nicht für alle Fälle. Nicht alle Wünsche machen das Leben lebenswert und den Tod zu etwas Schlechtem. Williams unterscheidet zwischen Wünschen, die instrumentell auf die Erhaltung des Lebens bezogen sind, und solchen, welche die Erhaltung des Lebens als notwendige Bedingung voraussetzen. Letztere nennt er »kategorische Wünsche«. Ausgehend von dieser Unterscheidung, vertritt er die These, dass der Tod nur so lange ein Übel ist, wie ein Mensch kategorische Wünsche hat. Wie ist diese These zu verstehen, und was hat es mit der Unterscheidung der beiden Arten von Wünschen auf sich?

Viele der Wünsche, die wir alltäglich hegen, stehen im Dienst der Erhaltung unseres Lebens. Ein Arbeitsloser wünscht sich einen Arbeitsplatz, damit er sich seinen Lebensunterhalt verdienen kann. Ein Verletzter wünscht sich eine medizinische Behandlung, damit er nicht an den Folgen der Verletzung stirbt. Manche Menschen, denen an kulinarischen Genüssen nichts liegt, hegen dennoch den vernünftigen Wunsch, regelmäßig zu essen und zu trinken, damit sie gesund bleiben und nicht an den Folgen der Unterernährung sterben. Bei diesen und ähnlichen Wünschen handelt es sich nicht um kategorische, sondern um bedingte Wünsche.

Kategorische Wünsche sind hingegen dadurch gekennzeichnet, dass sie über den Wunsch, am Leben zu bleiben, hinausgehen. Wer einen kategorischen Wunsch hat, der wünscht sich deshalb, am Leben zu bleiben, weil sein Weiterleben eine notwendige Bedingung dafür ist, dass er sich andere Wünsche erfüllen kann. Ein Gourmet, der seinen Lebensinhalt im kulinarischen Genuss findet, wünscht sich zwar in der Regel, möglichst lange zu leben. Er wünscht sich dies aber nur, damit er sich möglichst oft an exquisiten Speisen weiden kann. Eine alte Frau, die noch erleben möchte, wie ihre Enkel aufwachsen, wünscht sich, noch lange zu leben, damit sie sich noch an ihren Enkelkindern erfreuen kann.

Die Pointe der Unterscheidung zwischen bedingten und kategorischen Wünschen ist folgende: Nicht alle Wünsche sind geeignet, dem Leben Sinn zu verleihen. Wünsche, die instrumentell auf das Weiterleben bezogen sind, können den Wunsch weiterzuleben, in dessen Dienst sie stehen, nicht rechtfertigen. Anders verhält es sich mit kategorischen Wünschen. Weil sie über den bloßen Wunsch, am Leben zu bleiben, hinausgehen, können sie diesen Wunsch rechtfertigen und dem Leben dadurch Sinn verleihen.

Es ist leicht abzusehen, zu welchem Ergebnis man gelangt, wenn man diese Überlegungen auf die Frage bezieht, ob der Tod ein Gut oder ein Übel ist. Solange ein Mensch kategorische Wünsche hat, ist der Tod für ihn etwas Schlechtes, weil er verhindert, dass dieser Mensch etwas erreicht, was er um seiner selbst willen wünscht. Wenn ein Mensch hingegen nur noch bedingte Wünsche hat, dann kann der Tod für ihn kein Übel sein, weil sich alle seine Wünsche darauf beschränken, sein Weiterleben zu sichern, ohne dass er eine Antwort auf die Frage geben könnte, warum er weiterhin leben möchte.

Williams' Analyse führt also zu dem gleichen Ergebnis wie die kritische Auswertung der Überlegungen Nagels. Ob der Tod im Einzelfall ein Gut oder ein Übel ist, hängt von den Lebensumständen und -aussichten der Betroffenen ab. Somit erweist sich die Frage, ob »der Tod« gut oder schlecht ist, als falsch gestellt. Den Tod an sich gibt es ebenso wenig wie das Leben an sich. Es gibt nur viele einzelne Leben, von denen jedes mehr oder weniger lebenswert oder elend ist; es gibt nur viele einzelne Todesfälle, von denen jeder mehr oder weniger gut oder schlecht ist. Fasst man die Argumente für die Schlechtigkeit des Todes zusammen, so ergibt sich, dass der Tod dann schlecht ist, wenn dem Betroffenen durch sein Eintreten etwas Gutes vorenthalten wird, nämlich angenehme Erfahrungen oder die Erfüllung kategorischer Wünsche.

Es dürfte deutlich geworden sein, dass die hier dargestellten, scheinbar widersprüchlichen Urteile über den Status des Todes weitgehend miteinander vereinbar und komplementär sind. Epikur hat erstens gezeigt, dass das Totsein kein Übel sein kann. Wenn etwas am Tod schlecht ist, dann nicht der Zustand nach dem Ende des Lebens. Zweitens ist seine Einsicht festzuhalten, dass auch der Tod als Ereignis insofern kein Übel sein kann, als er nicht erlebt wird. Nagel, Williams und andere verweisen hingegen mit Recht auf einen Aspekt, den Epikur nicht berücksichtigt hat: Der Tod verhindert, dass der Betroffene eine Zeit erlebt, die er hätte erleben können. Der Tod kann also insofern schlecht sein, als uns durch ihn etwas vorenthalten wird.

Die Bedeutung des Wissens um die Sterblichkeit für die Lebensführung

Für die meisten Menschen hat die Aussicht auf den Tod sicherlich etwas Bedrückendes an sich, weil sie gesund sind, Pläne haben und das Leben genießen. Da sie aber wissen, dass sie irgendwann sterben werden, müssen sie sich zu ihrem bevorstehenden Tod auf irgendeine Weise verhalten, und sie müssen lernen, mit der Furcht vor dem Tod zurechtzukommen, ohne dabei die Freude am Leben zu verlieren. Sie müssen also eine Haltung zur eigenen Sterblichkeit ausbilden. Auch die Verdrängung des Todes stellt eine solche Haltung zum Tod dar. Die Philosophie, der an einer *vernünftigen* Lebensführung gelegen ist, stellt in diesem Zusammenhang die Frage, ob es vernünftig ist, den Tod zu fürchten, und wie man sich vernünftigerweise zum eigenen Tod verhalten sollte. Die erste der beiden Fragen ist bereits im vorigen Abschnitt beantwortet worden. Sofern der

Einzelne gute Gründe hat weiterzuleben, gibt ihm das zugleich einen guten Grund, seinen Tod zu fürchten.

Bisher sind wir aber von der Voraussetzung ausgegangen, dass das Leben mit dem Tod endgültig und vollständig endet. Nun wird jedoch offensichtlich die Bedeutung des Todes für das Leben davon abhängen, welches Verständnis des Todes man zugrunde legt. Es ist zu vermuten, dass ein Dualist, der von der Fortexistenz der Seele nach dem Tod überzeugt ist, ein anderes Verhältnis zum Tod haben wird als diejenigen, die nicht an die Unsterblichkeit der Seele glauben.

Dies lässt sich am Beispiel der platonischen Philosophie verdeutlichen. Wie bereits dargestellt wurde, ist der Tod Platon zufolge die Trennung der Seele vom Leib. Die unteilbare und unsichtbare Seele existiert nach dem Tod des Körpers weiter. Darüber hinaus vertrat Platon die Auffassung, dass das wahre Seiende, das heißt die unveränderlichen Ideen, nicht mittels der körperlichen Sinne, sondern nur durch die Seele erkannt werden können. Solange aber die Seele mit einem Körper verbunden ist, wird dies ein Hindernis für die vollständige Erkenntnis der Ideen bilden: »Denn der Leib macht uns tausenderlei zu schaffen wegen der notwendigen Nahrung, dann auch, wenn uns Krankheiten zustoßen, verhindern uns diese, das Wahre zu erjagen, und auch mit Gelüsten und Begierden, Furcht und mancherlei Schattenbildern und vielen Kindereien erfüllt er uns, so daß recht in Wahrheit, wie man auch zu sagen pflegt, wir um seinetwillen nicht einmal dazu kommen, auch nur irgend etwas richtig einzusehen.«[38] Die ungetrübte Erkenntnis der Ideen wird der Seele also erst dann möglich sein, wenn sie vom Leib befreit worden sein wird.

Aus diesen Voraussetzungen ergibt sich eine überraschende Schlussfolgerung in Bezug auf die Haltung zum Tod: Der Philosoph wird Platon zufolge versuchen, »so nahe als möglich am Gestorbensein zu leben«[39], er wird sich also darum bemühen, schon während seines Lebens den Kontakt seiner Seele mit seinem Körper einzuschränken, und dafür sorgen, dass seine Seele von den körperlichen Begierden möglichst wenig beeinflusst wird. Das philosophisch geführte Leben stellt somit die Vorbereitung auf den Zustand nach dem Tod und eine Annäherung an diesen dar. Auf die naheliegende Frage, warum sich denn die Philosophen nicht gleich selbst töten, um die Befreiung der Seele sofort zu vollziehen, lässt Platon seinen Sokrates antworten, dass dies von den Göttern verboten worden sei.

Wenn man Platons Auffassung der Seele und des Lebens zugrunde legt, dann gibt es somit für die Philosophen keinen Grund, den Tod zu fürchten. Es wäre »lächerlich«, wenn sie Angst vor dem Ereignis hätten, durch das ihre Seele vom Leib befreit werden wird.[40] Sie können ihrem Tod gelassen entgegensehen, weil sie davon ausgehen, dass ihren Seelen nach dem Tod eine andere, erstrebenswertere Existenz als das irdische Leben bevorsteht. Sie haben damit sogar guten Grund, ihren Tod freudig zu erwarten.

Wie sieht es jedoch bei denjenigen aus, die zwar an die Unsterblichkeit der Seele glauben, die aber im Unterschied zu den Philosophen keine ausgeprägten metaphysischen Interessen haben? Steht ihren Seelen nach dem Tod unendliche Langeweile bevor? Wenn ja – wäre dies nicht für sie ein guter Grund, den Tod zu fürchten? Platon hat diese Fragen nicht beantwortet. Sein Interesse galt vor allem der Frage, wie die Philosophen sich zum Tod verhalten sollten.

Cicero (106–43 v. Chr.) hat Platons Gedanken, dass die Philosophen so nahe wie möglich am Gestorbensein leben sollen, später auf die einprägsame Formel gebracht, dass Philosophieren nichts anderes sei als *sterben lernen* (*mori discere*).[41] Dieser Topos wurde bis in die Neuzeit hinein immer wieder aufgegriffen. Allerdings wandelte sich im Verlauf der Zeit seine Bedeutung. Dies wird bei Michel de Montaigne (1533–1592), einem Autor der frühen Neuzeit, besonders deutlich. In Montaignes Hauptwerk, den *Essais*, findet sich ein ebenso berühmter wie einflussreicher Essay mit dem Titel »Philosophieren heißt sterben lernen«. Im Mittelpunkt dieses Textes steht die Frage, wie der Mensch ein zufriedenes Leben führen kann, obwohl er weiß, dass er sterben muss. Dabei geht Montaigne offensichtlich davon aus, dass der Tod etwas Furchtbares ist. Hier liegt der wesentliche Unterschied zu Platon. Wie wir gesehen haben, hat der Philosoph Platon zufolge keinen Grund, den Tod zu fürchten. Deshalb leidet er auch nicht unter der Angst vor dem Sterben. Von dieser Furcht ist Montaignes Text hingegen ganz und gar durchdrungen. Um sie zu überwinden oder zumindest erträglich zu machen, führt er verschiedene Argumente an, die zeigen sollen, dass der Tod kein so großes Übel ist, wie die Menschen gewöhnlich meinen.

Dabei greift er auf Epikur und Lukrez zurück.[42] Nach Epikur kann der Tod nichts Schlechtes sein, weil wir, wenn er da sein wird, nicht mehr sein werden. Lukrez hat darauf hingewiesen, dass ein Mensch, wie lange er auch leben mag, die Zeit seines Totseins dadurch nicht verkürzen kann. Diesen beiden klassischen Argumenten gegen die Berechtigung der Todesfurcht fügt Montaigne ein neues hinzu, das sich durch den gesamten Essay zieht. Der Tod sei nicht nur das Ende des Lebens, sondern auch sein *natürliches Ziel.* Das Sterben sei wie das Geborenwerden ein Teil der natürlichen Ordnung und deshalb, so legt Montaigne nahe, auch nichts Furchtbares: »Euer Tod ist ein Teil der Ordnung des Alls, er ist ein Teil des Lebens der Welt.«[43] Das Leben sei ein ewiger Kreislauf, in dem immer aufs Neue Individuen geboren werden, leben und dann durch ihren Tod Platz für andere Menschen schaffen. Gegen diesen Gedanken Montaignes lässt sich einwenden, dass etwas, das für die Erhaltung der Art nötig ist, nicht eo ipso auch gut für die Individuen ist. Darüber hinaus wäre auch ein natürliches und insofern notwendiges Übel immer noch ein Übel.

Besondere Bedeutung für die Vorbereitung auf den Tod misst Montaigne dem Altern zu. Die Natur bereite uns nämlich langsam darauf vor, das natürliche Ziel unseres Lebens zu erreichen, indem sie uns altern lasse. Das Altern sei also eine Vorbereitung auf den Tod und in gewisser Weise auch die Vorwegnahme desselben, weil es – wie dieser – Verluste mit sich bringt. Jeden Tag verlören wir etwas, sodass sich die Verluste addierten und schließlich durch den Tod vollendet würden: »Warum fürchtest du deinen letzten Tag? Er trägt keinen Deut mehr zu deinem Tode bei als jeder andere. […] Alle Tage sind zum Tode unterwegs, der letzte – er langt an.«[44]

Alle diese Erwägungen vermögen Montaigne aber offenbar nicht ganz von der Furcht vor dem Tod zu befreien. Deshalb wendet er eine Technik an, die bereits von den Stoikern empfohlen worden ist. Man solle sich daran gewöhnen, dass man sterben muss, indem man ständig an das bevorstehende Ende denkt. So heißt es etwa bei Seneca: »Denke stets an den Tod, um ihn nie zu fürchten.«[45]

Montaigne hat sich diesen Rat ganz und gar zu eigen gemacht. Er lässt sich von den Todesumständen Bekannter berichten, er sucht in Chroniken nach besonders ungewöhnlichen Todesfällen, er denkt täglich daran, dass er sterben muss, und richtet sich darauf ein, dass der Tod ihn in jedem Augenblick heimsuchen kann: »Berauben wir den Tod zunächst seiner stärksten Trumpfkarte, die er gegen uns in Händen hält, und schlagen wir dazu einen völlig anderen als den üblichen Weg ein: Berauben wir ihn seiner Unheimlichkeit, pflegen wir Umgang mit ihm, gewöhnen wir uns an ihn! Stellen wir uns ihn jeden Augenblick und in jeder Gestalt vor unser inneres Auge. Fragen wir uns beim Stolpern eines Pferds, bei einem herabstürzenden Ziegel, beim geringsten Nadelstich immer wieder sogleich: ›Wie, könnte das nicht der Tod persönlich sein?‹«[46] Um den endgültigen Abschied erträglicher zu machen, verabschiedet sich der Autor bereits zu Lebzeiten im Geiste von allen Dingen, die ihm teuer sind. Er versucht, sich von ihnen zu lösen.[47] Die Pointe der Argumente und der Strategien der Todesbewältigung bei Montaigne besteht nun offensichtlich darin, dass die Überwindung der Todesfurcht ein Leben in *Seelenruhe* ermöglichen soll. Deshalb heißt es an entscheidender Stelle: »Wer die Menschen sterben lehrte, würde sie leben lehren.«[48]

Die stoische Technik der Überwindung der Todesfurcht, die hier am Beispiel Montaignes dargestellt worden ist, mag erfolgreich sein. Aber zahlt man, wenn man dem Ratschlag folgt, stets an den Tod zu denken, nicht einen allzu hohen Preis für die Bewältigung der eigenen Sterblichkeit? Das ständige Nachdenken über den kommenden Tod beansprucht ja viel Zeit und Aufmerksamkeit, die man anderen, lebensdienlicheren Tätigkeiten widmen könnte. Ist ein Leben erstrebenswert, das vom Gedanken an den Tod beherrscht wird? – Francis Bacon (1561–1626), ein Zeitgenosse Montaignes, bemerkte über die stoische Todesbesessenheit: »Bestimmt legten die Stoiker dem Tode ein zu hohes Gewicht bei und machten ihn mit ihren großen Vorbereitungen nur noch schrecklicher.«[49] Diese Kritik lässt sich auch auf Montaigne beziehen. Auch sein Vorschlag läuft darauf hinaus, dass wir einen großen Teil unseres Lebens dem Nachdenken über etwas widmen sollen, was sich nicht verhindern lassen wird, und dass wir viel Zeit, die wir unbeschwert verbringen könnten, für die Gewöhnung an den Tod verwenden.

Aber auch die völlige *Verdrängung* des Todes wird diesem wichtigen Gegenstand offensichtlich aus zwei Gründen nicht gerecht. Erstens ist es nicht wünschenswert, gar keine Furcht vor dem eigenen Tod fühlen zu können. Darauf hat die amerikanische Philosophin Amélie Oksenberg Rorty in ihrem Aufsatz »Fearing Death« hingewiesen.[50] Zweifellos stellt unsere Fähigkeit, den eigenen Tod antizipieren und fürchten zu können, häufig eine Belastung dar, weil uns der Gedanke an das bevorstehende Ende des Lebens lähmen oder unsere Lebensfreude beeinträchtigen kann. Andererseits erfüllt diese Fähigkeit eine wichtige Funktion. Weil wir wissen, dass wir sterben können, können wir Vorsorge dafür treffen, dass der Tod nicht allzu früh eintritt, beispielsweise indem wir uns bemühen, gesund zu leben. Außerdem beruhen bestimmte reflexartige

Verhaltensweisen, etwa die Flucht vor einem herabrollenden Felsen oder einem Feuer, darauf, dass wir den eigenen Tod fürchten können. Deshalb ist es alles in allem besser, dass wir um die eigene Sterblichkeit wissen und manchmal ohne erkennbaren Grund von lähmender Todesfurcht erfasst werden, als wenn wir Wesen wären, denen ihr Tod völlig gleichgültig wäre.

Darüber hinaus kann das Wissen um die eigene Sterblichkeit eine wichtige Rolle für die vernünftige Lebensführung spielen. Der Gedanke, dass unsere Lebenszeit begrenzt ist und dass wir in dieser kurzen Zeit nicht alles tun können, was wir gern täten, kann uns dazu verhelfen, für uns wirklich wesentliche Pläne und Wünsche von weniger wesentlichen zu unterscheiden. Weil wir nicht ewig leben und weil wir uns beschränken müssen, kommt es darauf an, dass wir unsere knappe Zeit nicht mit Beschäftigungen oder Zielen verschwenden, die uns letztlich nicht viel bedeuten. Deshalb ist es wichtig, sich von Zeit zu Zeit in Erinnerung zu rufen, dass man sterben wird, vor allem dann, wenn man folgenreiche Entscheidungen treffen muss.

Dieser Gedanke bildet eines der Leitmotive in der Geschichte der Philosophie des Todes. Er kommt beispielsweise auch in dem bekannten lateinischen Spruch *memento mori* (Bedenke, dass du sterben wirst) zum Ausdruck. Seneca (ca. 4 v. Chr.–65 n. Chr.) hat ihn in seiner Schrift *Über die Kürze des Lebens* auf besonders eindringliche Weise dargestellt. Er schildert anschaulich, wie sich seine Mitbürger einerseits in unwichtigen Angelegenheiten verlieren und wie sie sich andererseits über die Kürze des Lebens beklagen: »Wozu beklagen wir uns über die Natur? Sie hat sich doch gütig gezeigt: Das Leben ist lang, wenn du es zu nutzen verstehst. Doch den einen hält unersättliche Habgier gefangen, den anderen seine geschäftige Betriebsamkeit mit völlig überflüssiger Plackerei. Der wieder ertrinkt im Wein, der andere dämmert im Nichtstun dahin, wieder einen zermürbt sein Ehrgeiz, mit dem er sich stets von der Meinung der anderen abhängig macht. Den nächsten führt die rastlose Begierde, Geschäfte zu machen, durch alle Länder, über alle Meere, in der Hoffnung auf Profit.«[51] Diese Menschen, die auch aus der Gegenwart stammen könnten, nehmen sich nicht die Zeit, um einmal grundsätzlich darüber nachzudenken, was ihnen in ihrem begrenzten Leben wichtig ist. Seneca beschreibt ihre Haltung zum Tod so: »Ihr lebt so, als lebtet ihr ewig; niemals kommt euch eure Hinfälligkeit in den Sinn, nie achtet ihr darauf, wie viel Zeit schon vergangen ist. Als ob ihr sie in Fülle und im Übermaß hättet, verschwendet ihr sie. Dabei ist doch vielleicht gerade der Tag, den ihr für irgendeinen Menschen oder irgendeine Sache dahinschenkt, der letzte Tag.«[52]

Im 20. Jahrhundert ist dieser Gedanke unter anderem von Martin Heidegger (1889–1976) in seiner bekannten Analyse des »Seins zum Tode« in *Sein und Zeit* aufgenommen worden. Offenbar stark beeinflusst durch Tolstois beeindruckende Erzählung »Der Tod des Iwan Iljitsch«, beschreibt Heidegger, dass das Dasein – so nennt er den Menschen – gewöhnlich den Gedanken an den eigenen Tod verdrängt, indem es den Tod zu einer unpersönlichen Sache macht. Man sagt dann etwa nichtssagende Sätze wie: »Man stirbt auch einmal.« »Man« bezeichnet hier keinen bestimmten Menschen, also auch nicht den Sprecher selbst. Die alltägliche Haltung zum Tod ist daher Heidegger zufolge eine der Beruhigung. Der Einzelne weicht der Tatsache, dass er sterben wird, aus, indem er die Sterblichkeit nur als eine allgemein menschliche Eigenschaft in Betracht zieht.

Nach Heidegger kann sich der Mensch aber auch anders zu seinem bevorstehenden Tod verhalten. Er kann das eigene Ende antizipieren und sich dadurch die Endlichkeit des eigenen Lebens vor Augen führen. Bei Heidegger heißt diese gedankliche Vorwegnahme des Todes »Vorlaufen in den Tod«. Der Mensch, der in seinen Tod »vorläuft«, wird sich der Kürze seines Lebens bewusst. Dies ermöglicht es ihm, zwischen seinen »uneigentlichen« und seinen »eigentlichen« Möglichkeiten zu unterscheiden und sich damit aus der Abhängigkeit von den Urteilen des »Man« zu lösen.

Was mit diesen etwas abstrakt klingenden Gedanken gemeint sein könnte, lässt sich anhand eines Aufsatzes von Ernst Tugendhat (geb. 1930) verdeutlichen. In dem Aufsatz »Unsere Angst vor dem Tod« deutet Tugendhat Heideggers Unterscheidung zwischen »Eigentlichkeit« und »Uneigentlichkeit« als Polarität zwischen Verengung und Erweiterung des Freiheitsspielraums.[53] Er erläutert dies folgendermaßen. Gewöhnlich gehen wir in unserem Leben von bestimmten Zielen aus, die den Rahmen für unsere Entscheidungen bilden. Der eine verfolgt etwa das Ziel, Geschäftsführer des Unternehmens zu werden, in dem er tätig ist; ein anderer hat sich für ein Leben mit Familie entschieden. Innerhalb dieses Rahmens treffen diese beiden Menschen eine Reihe von Entscheidungen. Der eine fragt sich, was er tun muss, um möglichst schnell den begehrten Posten zu erlangen; der andere muss nach Wegen suchen, um seine Familie zu ernähren und für die Zukunft seiner Kinder Vorsorge zu treffen. Der Rahmen, in dem sie die entsprechenden Überlegungen anstellen, wird von ihnen dabei nicht infrage gestellt.

Wie Tugendhat schreibt, kann nun die Beschäftigung mit dem eigenen Tod dazu anregen, das eigene Leben aus einer anderen Perspektive zu betrachten. Angesichts der Kürze des Lebens kann man sich nämlich auch fragen, ob einem an den Zielen, die man verfolgt, tatsächlich liegt. Es geht in diesem Fall darum, die eigenen Ziele und Entscheidungen einmal grundsätzlich zur Disposition zu stellen und ihren Stellenwert im eigenen Leben zu beurteilen. Die beiden Männer aus dem Beispiel könnten sich etwa folgende Fragen stellen: Will ich tatsächlich Geschäftsführer werden, obwohl ich in dieser Funktion noch weniger Zeit für meine Freunde und Lieblingsbeschäftigungen haben werde? Will ich tatsächlich ein Leben mit einer Familie und Verantwortung für andere führen, obwohl ich das Bedürfnis nach Unabhängigkeit verspüre und zum Einzelgängertum neige?

Freilich kann man die eigenen Ziele und Entscheidungen nicht ständig neu überdenken. Dies würde dazu führen, dass man unschlüssig würde und womöglich gar nichts mehr ernsthaft betreiben könnte. Ein Arzt, der sich Tag für Tag die Frage stellte: »Will ich mein einziges, kurzes Leben wirklich damit zubringen, andere Menschen zu behandeln?«, wäre sicherlich kein guter Arzt – und darüber hinaus ein höchst unzufriedener Mensch.

Diese Überlegungen lassen sich folgendermaßen zusammenfassen. Wie es scheint, sollten wir versuchen, die richtige Mitte zwischen Ignoranz und Vergegenwärtigung der eigenen Sterblichkeit zu finden. Wer den Tod ganz und gar verdrängt, der läuft Gefahr, dass er am Ende seines Lebens einsehen wird, falsch gelebt zu haben. Wer sich zu sehr mit der eigenen Endlichkeit beschäftigt, der riskiert, dass er vor lauter Niedergeschlagenheit angesichts seiner Endlichkeit in Lethargie verfällt. Wo die goldene Mitte zwischen Abwehr und Zulassen der Todesgedanken liegt, dafür wird sich kaum eine allgemein gültige Regel angeben lassen.

Man kann sich der Bedeutung des Wissens um die eigene Sterblichkeit noch von einer anderen Seite nähern. Wie Thomas Nagel in seinem Aufsatz »Das Absurde« dargelegt hat, scheint aus der Tatsache, dass unser Leben endlich ist, zu folgen, dass all unser Streben letztlich vergeblich und unser Leben *absurd* ist.[54] Die Bedeutung, die wir der kurzen Zeit unseres Daseins und unseren Tätigkeiten und Zielen beimessen, steht in einem auffälligen Kontrast dazu, dass unser Leben in Bezug auf die Welt als Ganzes bedeutungslos ist. Wenn man das unendliche und unvergängliche Universum als Maßstab zugrunde legt, dann ist das Leben eines Menschen nichts weiter als eine unbedeutende Episode. David Hume, von dem bereits die Rede war, hat diese Tatsache etwas drastisch so formuliert: »[...] das Leben eines Menschen hat für das Universum keine größere Bedeutung als das einer Auster.«[55] Zu diesem Schluss können wir gelangen, weil wir imstande sind, die Welt von einem objektivierenden Standpunkt aus zu betrachten.

Andererseits können wir unser Leben nur dann erfolgreich fühlen, wenn wir uns selbst ernst nehmen und wenn wir davon ausgehen, dass die Ziele, die wir verfolgen, und die Dinge, an denen uns etwas liegt, tatsächlich wichtig sind. In gewisser Weise muss sich also jeder von uns als den Mittelpunkt der Welt begreifen, damit er nicht ständig am

Sinn seines Handelns zweifelt. Obwohl wir wissen, dass unser Dasein, wenn man es an kosmischen Maßstäben misst, bedeutungslos ist, müssen wir so leben, als ob es auch unabhängig von unseren eigenen Wünschen wichtig wäre.

Wie es scheint, können wir unsere Existenz also auf zweierlei Weise beurteilen: einerseits auf eine subjektzentrierte, andererseits auf eine objektivierende Weise. Diese beiden Perspektiven lassen sich nicht zur Deckung bringen. Wer gründlich darüber nachdenkt, der wird eingestehen müssen, dass der subjektiven Bedeutung, die er seinem Leben zuschreibt, keine objektive Bedeutsamkeit für die Welt als Ganzes entspricht. Obwohl die meisten Menschen, die bisher gelebt haben, viel Mühe darauf verwenden mussten, ihr Leben zu fristen, und obwohl sie sicherlich vieles in ihrem Leben für wichtig hielten, sind sie heute gänzlich in Vergessenheit geraten. – Thomas Nagel hat dieses Missverhältnis als *das Absurde* bezeichnet. Das Wissen um die eigene Sterblichkeit ist das wichtigste Indiz dafür, dass unser Leben absurd ist. Angesichts der Kürze und der Endlichkeit unserer Existenz kann kein Zweifel daran bestehen, dass ein einzelnes Menschenleben im Großen und Ganzen bedeutungslos ist.

Nehmen wir einmal an, dass diese Überlegung richtig ist. Wie sollten wir uns dann zu der Absurdität unseres Daseins verhalten? Sollten wir uns gleich töten, weil es, objektiv gesehen, am Ende nicht darauf ankommt, ob wir zwanzig, vierzig oder achtzig Jahre gelebt haben werden? Sollten wir, wie es Albert Camus (1913–1960) in seinem Buch *Der Mythos des Sisyphos* vorgeschlagen hat, im heroischen, aber vergeblichen Kampf gegen die Sinnlosigkeit des

Daseins den Sinn unseres Lebens sehen? Nagel schlägt eine andere Lösung vor: Wir sollten mit der Diskrepanz zwischen den beiden Perspektiven und der Absurdität des Lebens *ironisch* umgehen. »Gibt es *sub specie aeternitatis* keinen Grund daran zu glauben, daß irgend etwas von Belang ist, so ist dies eben gleichermaßen belanglos, und wir tun gut daran, unserem absurden Leben von nun an mit Ironie zu begegnen, statt voller Heldenmut oder Verzweiflung.«[56]

Ist die körperliche Unsterblichkeit wünschenswert?

Im vorigen Abschnitt wurde ohne Begründung vorausgesetzt, dass die Sterblichkeit des Menschen ein unabänderliches Faktum ist, zu dem wir uns irgendwie verhalten müssen. Dies entspricht der alltäglichen Einstellung zum Tod: Gewöhnlich gehen wir davon aus, dass der Tod zum Leben gehört. Alle Organismen sind tötbar. Jeder Mensch kann jederzeit durch einen Unfall, eine Krankheit, einen Mord oder andere Ursachen getötet werden. Aber warum sollte sich diese Eigenschaft nicht durch Eingriffe in die Konstitution des Menschen beseitigen lassen? Früher suchten die Alchemisten nach einem Unsterblichkeitselixier. Heute werden weltweit in Laboren die genetischen Ursachen des Alterns untersucht. Diese Forschungen zielen darauf ab, durch genetische Veränderungen den Alterungsprozess zu verlangsamen oder zu verhindern und auf diesem Weg die durchschnittliche Lebenserwartung der Menschen zu steigern. Derartige Bestrebungen werfen zwei interessante philosophische Fragen auf: Ist es wünschenswert, unsterblich zu sein? Und: Darf oder sollte das menschliche Leben auf technischem Weg verlängert werden? Hier soll es zunächst um die erste der beiden Fragen gehen; der zweiten werde ich mich im nächsten Abschnitt zuwenden.

Es ist bemerkenswert, dass die Frage, ob es gut wäre, *körperlich* unsterblich zu sein, lange Zeit gar nicht gestellt wurde. Dies dürfte damit zusammenhängen, dass das Interesse der Philosophen in erster Linie der Unsterblichkeit der *Seele* galt. Dass der menschliche Leib vergänglich ist und sterben muss, wurde dabei als selbstverständlich vorausgesetzt. Seit dem Beginn des 20. Jahrhunderts ist das Problem jedoch mehrmals behandelt worden, zunächst in literarischer Form, dann auf philosophische Weise. Auf zwei literarische Werke, die in diesem Zusammenhang einschlägig sind, werde ich gleich eingehen.

Damit die Frage, ob es gut wäre, unsterblich zu sein, präzise beantwortet werden kann, ist es nötig, zwei Arten der Unsterblichkeit zu unterscheiden: *Altersunsterblichkeit* und *Untötbarkeit*. Altersunsterblichkeit läge dann vor, wenn der Alterungsprozess allein niemals den Tod eines Menschen bewirken würde. Untötbar wären die Organismen, deren Leben durch keine *äußere* Einwirkung beendet werden könnte. Zwischen beiden Arten der Unsterblichkeit bestehen verschiedene Zusammenhänge. Ein altersunsterblicher Mensch könnte tötbar sein, er könnte beispielsweise durch eine Krankheit oder einen Unfall getötet werden. Er würde aber dann ewig leben, wenn es gelänge, ihn vor allen äußeren tödlichen Einwirkungen wirksam zu schützen. Ein untötbarer Mensch, der nicht altersunsterblich wäre, könnte zwar niemals durch äußere Faktoren getötet werden, er würde jedoch irgendwann aufgrund der mit dem Altern verbundenen Abnutzung sterben. Wesen, die sowohl altersunsterblich als auch untötbar wären, sollen als *vollständig unsterblich* bezeichnet werden. Worin die Bedeutung dieser begrifflichen Unterscheidung besteht, wird sich später zeigen.

Die Frage, ob es wünschenswert ist, vollständig unsterblich zu sein, soll anhand zweier literarischer Beispiele erörtert werden. In ihrem 1946 erschienenen Roman *Alle Menschen sind sterblich*[57] lässt Simone de Beauvoir einen Mann namens Fosca auftreten, der einige Jahrhunderte zuvor ein Unsterblichkeitselixier zu sich genommen hat. Fosca ist vollständig unsterblich, und da er weder getötet werden noch den Alterstod sterben kann, muss er ewig leben. Die Handlung spielt in den 1930er Jahren in Frankreich. Zu diesem Zeitpunkt ist Fosca über sechshundert Jahre alt. Seit knapp einhundert Jahren ist er fast immer untätig gewesen. Er leidet unter seiner Unsterblichkeit und kann sich für nichts mehr begeistern. Von philosophischem Interesse ist die Frage, warum dieser Unsterbliche sein ewiges Leben nicht für einen Segen, sondern für einen Fluch hält. Meiner Meinung nach lassen sich dem Roman mehrere, miteinander zusammenhängende Gründe entnehmen. Erstens verliert die Zeit für denjenigen, der unendlich viel Zeit hat, ihre Kostbarkeit. Es gibt nichts, was dringend wäre. Alles kann aufgeschoben werden. Zweitens verlieren Entscheidungen und Ereignisse, die das Leben der Sterblichen entscheidend beeinflussen können, im Leben des Unsterblichen ihre Bedeutung. Für einen Sterblichen kann zum Beispiel der Ausgang einer Schlacht über das Gelingen oder Misslingen seines Lebens entscheiden. Fosca hingegen kann noch unendlich viele Schlachten gewinnen. Drittens leidet er unter der ewigen Wiederholung des Gleichen.

Menschen werden geboren, sie leben eine Weile und sterben dann. Auf das Frühjahr folgt der Sommer, dann der Herbst, dann der Winter und wieder das Frühjahr usw. Für Fosca fallen die Unterschiede zwischen den einzelnen Fällen angesichts der grundlegenden Gleichförmigkeit all dessen, was er erlebt, nicht ins Gewicht. Schließlich leidet er darunter, dass er sich den sterblichen Menschen, die ihn umgeben, (mit einer Ausnahme) nicht anvertrauen kann, weil sie ihn nicht verstehen würden. Sein Verhältnis zum Leben unterscheidet sich so radikal von dem ihrigen, dass es für sie unmöglich ist, sein Verhalten nachzuvollziehen. Alles, was ihnen wichtig ist, hat für ihn keinerlei Bedeutung.

Ähnlich wie Fosca ergeht es Marcus Flaminius Rufus alias Joseph Cartaphylus, der Hauptfigur in Jorge Luís Borges' Erzählung »Der Unsterbliche«.[58] Dieser römische Offizier entdeckt nach langer Suche endlich den Fluss, dessen Wasser Unsterblichkeit verleiht. Freilich wird ihm erst im Nachhinein klar, dass er ihn gefunden hat. Die Mitglieder des Stammes, der die an dem Fluss gelegene Stadt bewohnt – die Troglodyten –, benehmen sich ausgesprochen sonderbar. Sie tun fast nichts, sie pflegen sich nicht, sprechen nicht und scheinen an nichts, was in der Welt geschieht, Anteil zu nehmen. Nur einer der sehr seltenen Regengüsse vermag sie zumindest zeitweise aus ihrer Lethargie zu erwecken. Rufus versteht schließlich, warum sich die Troglodyten so merkwürdig verhalten. Sie sind die Unsterblichen. Für sie besteht keine Notwendigkeit, irgendetwas zu tun, weil noch unendlich viel Lebenszeit vor ihnen liegt. In dieser Hinsicht gleichen sie Fosca. Der wesentliche Unterschied zwischen ihnen und dem Helden von Simone de Beauvoir besteht darin, dass sie sich unter ihresgleichen befinden, während Fosca als einziger Unsterblicher unter lauter Sterblichen sich diesen in bestimmtem Maß anpassen muss. Sowohl für die Troglodyten als auch für Fosca gilt, dass sie für ihre Unsterblichkeit einen hohen Preis gezahlt haben: Ihr Leben hat seine Bedeutsamkeit verloren. Weil sie nicht getötet werden können und auch nicht aus Altersgründen sterben werden, liegt unendlich viel Lebenszeit vor ihnen. Und weil sie unendlich viel Zeit haben, gibt es für sie keinen Grund, in der Gegenwart etwas zu tun, den Augenblick zu schätzen oder einen Verlust zu beklagen. Für sie ist kein Verlust endgültig. Alles, was ihnen zustößt, kann prinzipiell wiedergutgemacht werden.

Man könnte gegen die These, die Simone de Beauvoir und Jorge Luís Borges in ihren Texten nahelegen, einwenden, dass sie auf psychologischen Mutmaßungen beruht, deren Richtigkeit sich nicht überprüfen lässt. Das ist zweifellos richtig: Vermutungen über Menschen, die vollständig unsterblich wären, können empirisch weder bestätigt noch widerlegt werden. Mir scheint aber, dass die psychologischen Vermutungen bei de Beauvoir und Borges sehr plausibel sind. Die Motivationslage eines Menschen, der wüsste, dass er niemals sterben wird, muss sich von der unsrigen grundsätzlich unterscheiden. Der entscheidende Grund zu handeln, den wir haben, besteht in unserem Wissen darum, dass unsere Lebenszeit begrenzt ist. Warum sollte aber ein Mensch etwas tun, der wüsste, dass ihm eine unendlich lange Lebenszeit bevorstünde? Möglicherweise würde er zunächst einige Jahrzehnte aktiv sein, weil er beispielsweise nach Vergnügungen strebt. Aber dann würde sicherlich die Trägheit die Oberhand gewinnen, da ja ohnehin noch mehr als genug Zeit bliebe, um sich zu vergnügen.

Wenn diese Vermutungen richtig sein sollten, dann ergäbe sich eine höchst interessante Schlussfolgerung, die nur auf den ersten Blick paradox erscheint: *Es ist einerseits gut für uns, dass wir sterben können, und andererseits ist es häufig schlecht für einen Menschen, dass er zu einem bestimmten Zeitpunkt stirbt.* Diese Aussage ist deshalb nicht paradox, weil sie auf der begrifflichen Unterscheidung zwischen »Sterblichkeit« und »Tod« beruht. Der Begriff der Sterblichkeit bezeichnet die natürliche *Eigenschaft* des Menschen, dass sein Leben beendet werden kann. Der Begriff des Todes bezeichnet hingegen das *Ereignis*, durch welches das Leben eines jeweils einzelnen Menschen zu einem bestimmten Zeitpunkt beendet wird. Ausgehend von dieser Unterscheidung, lässt sich das Resultat der literarischen Gedankenexperimente mit der Unsterblichkeit so formulieren: Obwohl es meistens schlecht für einen Menschen ist, dass er sterben muss, ist es alles in allem gut für uns, dass wir nicht unsterblich sind, weil unsere Sterblichkeit unserem Leben und allem, was wir in ihm tun und erleiden, Bedeutsamkeit verleiht. Borges hat diesen Gedanken in berührende Worte gefasst:

> »Der Tod (oder die Anspielung auf ihn) macht die Menschen wertvoll und anrührend. Das Bewegende an ihnen ist ihr gespenstischer Zustand; jede Handlung, die sie ausführen, kann die letzte sein; es gibt kein Gesicht, das nicht bald zerfließen wird wie das Gesicht in einem Traum. Alles hat bei den Sterblichen den Wert des Unwiederbringlichen und des Gefährdeten. Bei den Un-

sterblichen dagegen ist jede Handlung (und jeder Gedanke) das Echo von anderen, die ihr in der Vergangenheit ohne ersichtlichen Beginn vorangingen, oder zuverlässige Verheißung anderer, die sie in der Zukunft bis zum Taumel wiederholen werden. Es gibt kein Ding, das nicht gleichsam verloren wäre zwischen unermüdlichen Spiegeln. Nichts kann nur ein einziges Mal geschehen, nichts ist auf kostbare Weise gebrechlich. Das Elegische, das Ernste, das Zeremoniöse hat keine Macht über die Unsterblichen.«[59]

Man muss allerdings beachten, dass die Sterblichkeit, von der in diesem Zusammenhang die Rede ist, die *vollständige* Unsterblichkeit ist. Das Leben und alles, was uns in ihm zustößt, so lautete unser Ergebnis, verdankt seine Bedeutsamkeit der Tatsache, dass unser Leben jederzeit enden *könnte*. Nun ist aber die Sterblichkeit im Sinne der Tötbarkeit eine notwendige Eigenschaft aller Organismen und also auch aller Menschen. Aufgrund ihrer Abhängigkeit von der Umwelt und anderer Faktoren können Lebewesen niemals untötbar sein. Dies kann man sich leicht an Beispielen verdeutlichen. Eine wesentliche Lebensfunktion aller Organismen ist der Stoffwechsel mit der Umwelt. Aus ihm gewinnen sie die Nährstoffe und die Energie, die sie für den Vollzug der anderen Vitalfunktionen benötigen. Sobald die benötigten Nährstoffe über längere Zeit nicht mehr in hinreichendem Maß zur Verfügung stehen, wird das unweigerlich zum Tod des Organismus führen. Ein weiteres Beispiel ist die Abhängigkeit vieler Tiere vom Blutkreislauf, durch den ihre Organe mit Sauerstoff versorgt werden. Es kann jederzeit aufgrund einer Verletzung der Fall eintreten, dass ein Organismus so viel Blut verliert, dass die Sauerstoffversorgung nicht mehr gewährleistet ist. Auch dies führt, wenn keine Hilfsmaßnahmen ergriffen werden, unweigerlich zum Tod des Lebewesens. Wie diese Beispiele zeigen, ist die Tötbarkeit der Preis, den Organismen dafür zahlen müssen, dass sie leben. Aus diesem Grund werden Menschen niemals in der gleichen Lage wie die vollständig unsterblichen literarischen Figuren bei de Beauvoir und Borges sein. Deshalb wird die notwendige Bedingung für die Bedeutsamkeit des Lebens immer erfüllt sein, solange es Menschen geben wird.

Moralische Probleme des Todes und des Tötens

Gibt es eine Pflicht zur technischen Lebensverlängerung?

Aus der Tatsache, dass Menschen sterblich sind und getötet werden können, ergeben sich zahlreiche moralische Probleme. Einige von ihnen sollen in diesem Kapitel vorgestellt werden. Wie der letzte Abschnitt ergeben hat, ist die Erlangung der *vollständigen* Unsterblichkeit nicht wünschenswert, weil das Leben der Menschen, die nicht getötet werden könnten und auch nicht infolge des Alterns stürben, seinen Sinn verlöre. Aus dieser Überlegung lässt sich ein wichtiger Schluss im Hinblick auf die *technische Lebensverlängerung* ziehen.

Gegenwärtig arbeiten zahlreiche Wissenschaftler auf der ganzen Welt daran, die Ursachen des Alterungsprozesses zu erforschen. Offensichtlich zielen die entsprechenden Versuchsreihen, die mit Tieren durchgeführt werden, langfristig darauf ab, das menschliche Altern zu verzögern oder sogar zu verhindern und dadurch das Leben zu verlängern. Es wird kontrovers darüber diskutiert, ob die Anwendung solcher lebensverlängernden Maßnahmen moralisch erlaubt oder sogar geboten wäre. Ein geläufiger Einwand gegen die Zulässigkeit der technischen Lebensverlängerung lautet, dass das Leben keinen Sinn mehr hätte, wenn es auf technischem Weg radikal verlängert würde. Wie im vorigen Abschnitt festgestellt, trifft dieser Einwand allerdings nicht zu. Zumindest einige Verfechter der radikalen Lebensverlängerung weisen nämlich ausdrücklich darauf hin, dass es unmöglich ist, Menschen untötbar zu machen. Die technische Verlängerung des Lebens, um die es ihnen geht, darf nicht mit der Erlangung der vollständigen Unsterblichkeit verwechselt werden. Wenn man diesen Unterschied berücksichtigt, wird sofort deutlich, dass auch das Leben der Menschen, deren Lebenszeit verlängert worden wäre, jederzeit durch Unfälle, Tötungen oder Krankheiten beendet werden könnte. Also bliebe diesen Langlebigen das Schicksal der vollständig Unsterblichen, wie es von de Beauvoir und Borges dargestellt wurde, erspart.

Die bisher angestellten Überlegungen ergeben also Folgendes: 1. Es ist gut für uns, dass wir sterblich sind, weil unser Leben ansonsten sinnlos wäre. 2. Weil alle Menschen, auch potenziell langlebige, notwendigerweise tötbar sind, spricht nichts dagegen, dass das Leben aller Menschen bedeutsam sein kann. 3. Deshalb trifft der Einwand gegen die Annahme, dass es wünschenswert ist, körperlich vollständig unsterblich zu sein, nicht auf die technische Lebensverlängerung zu. Obwohl die vollständige Unsterblichkeit, die uns ohnehin verwehrt bleiben muss, nicht wünschenswert ist, könnte es für tötbare Menschen gut sein, wenn sie bedeutend länger lebten als heutzutage üblich. – Welche anderen Gründe sprechen für oder gegen die technische Verlängerung des Lebens?

Die Befürworter der Lebensverlängerung gehen davon aus, dass das Leben ein Gut ist und dass es gewöhnlich besser ist, mehr von einem Gut zu haben als weniger. Sie erkennen an, dass einige Menschen aufgrund ihrer besonderen Lage nicht mehr weiterleben wollen. Selbstverständlich treten sie nicht dafür ein, dass das Leben dieser

Menschen gegen ihren Willen verlängert werden soll. Es sollte ihnen zufolge jedem freistehen, selbst zu entscheiden, ob er in den Genuss lebensverlängernder Maßnahmen kommt oder nicht. Unter dieser Voraussetzung scheint nichts dagegen zu sprechen, dass die technische Lebensverlängerung moralisch *erlaubt* wäre. Manche Autoren gehen aber einen Schritt weiter, indem sie behaupten, dass es eine moralische *Pflicht* zur Anwendung lebensverlängernder Maßnahmen gibt.[60] Die verantwortlichen Politiker sollten ihrer Meinung nach alles tun, damit die entsprechenden Technologien möglichst bald entwickelt und eingesetzt werden. Lässt sich eine solche Pflicht auf überzeugende Weise begründen?

Um dies zu prüfen, sei hier einmal unterstellt, dass die Lebensspanne, die durch technische Eingriffe in die Konstitution des Menschen gewonnen würde, für die Betroffenen ein Gut wäre. Folgt daraus, dass bestimmte Menschen moralisch verpflichtet sind, für die Herbeiführung dieses Guts zu sorgen? Meiner Meinung ergibt sich diese Schlussfolgerung deshalb nicht, weil man zwischen *notwendigen* und *zusätzlichen Gütern* unterscheiden muss. Notwendige Güter sind die Dinge, die für ein Leben benötigt werden, in dem nichts Grundlegendes fehlt, beispielsweise Gesundheit, ausreichende Ernährung, ein Obdach, in kalten Gegenden warme Kleidung usw. Zusätzliche Güter sind die Dinge, die über das hinausgehen, was man für ein solches Leben braucht, zum Beispiel eine Fünf-Zimmer-Wohnung für einen Einzelnen, ein Einkommen von sechstausend Euro pro Monat oder das regelmäßige Speisen in Drei-Sterne-Restaurants. Die Grenze zwischen diesen beiden Arten von Gütern kann sicherlich nicht in jedem Fall eindeutig bestimmt werden, es gibt aber viele klare Fälle, in denen Einigkeit darüber herrscht, dass etwas ein notwendiges oder ein zusätzliches Gut ist.

Diese Unterscheidung wirkt sich auf die moralische Beurteilung der Lebensverlängerung aus. Das Fehlen eines notwendigen Gutes konstituiert nämlich prima facie gültige moralische Hilfspflichten. Wer auf einen Obdachlosen stößt, der in einer kalten Winternacht zu erfrieren droht, ist sicher dazu verpflichtet, diesem Menschen Hilfe zu leisten. Ich habe jedoch keineswegs die Pflicht, meine Nachbarn, denen es gut geht, zu einem Mahl in einem Luxusrestaurant einzuladen. Deshalb folgt allein aus der Annahme, dass die Lebensverlängerung ein zusätzliches Gut wäre, nicht, dass es die Pflicht zur Anwendung lebensverlängernder Maßnahmen gibt. Sofern keine besonderen Gründe vorliegen (wie etwa ein Versprechen), sind wir nämlich nicht dazu verpflichtet, anderen Menschen zu einem zusätzlichen Gut zu verhelfen.

An dieser Stelle greifen einige Befürworter der technischen Lebensverlängerung auf ein anderes Argument zurück. Sie behaupten, dass die Verlängerung des Lebens eine Art der *Lebensrettung* wäre und dass es deshalb moralisch geboten sei, das Leben zu verlängern. So heißt es etwa bei dem prominenten britischen Bioethiker John Harris: »Wenn Lebensverlängerung als ›Lebensrettung‹ zählt (und selbstverständlich ist jeder Akt der Lebensrettung einfach ein Akt des Todesaufschubs), dann wäre sie, sofern wir keine guten Gründe finden können, um zwischen verschiedenen Leben zu unterscheiden, geboten und wir sollten sie anderen zukommen lassen, sowohl als Individuen als auch als Gesellschaft; und wo wir es uns nicht leisten können, das für alle zu tun, sollten wir es für so viele wie möglich tun […].«[61] Das Argument ist in sich schlüssig. Ob es auch gültig ist, hängt davon ab, ob die Voraussetzung richtig ist, dass die technische Lebensverlängerung eine Art der Lebensrettung wäre.

Gegen diese Annahme spricht meines Erachtens, dass es zwischen den lebensverlängernden Maßnahmen, um die es hier geht – in erster Linie genetische Eingriffe zur Verzögerung des Alterungsprozesses –, und typischen Fällen der Lebensrettung wesentliche Unterschiede gibt. Um dies zu verdeutlichen, lege ich eine fiktive Situation zugrunde. Nehmen wir an, dass zu einem bestimmten Zeitpunkt bei allen vierzigjährigen Einwohnern eines Staates durch einen genetischen Eingriff die Alterungsgene ausgeschaltet worden wären. Wäre es sinnvoll, diesen Eingriff als lebensrettende Maßnahme zu bezeichnen? Das hängt davon ab, ob sie die typischen Merkmale der Lebensrettung aufwiese oder nicht.

Für eine Lebensrettung gilt erstens, dass immer erst *im Nachhinein* entschieden werden kann, ob eine Handlungsweise lebensrettend war oder nicht. Wer ins Meer hinausschwimmt, um einen Ertrinkenden zu retten, diesen aber nur noch tot bergen kann, der hat den Ertrinkenden nicht gerettet, sondern nur versucht, ihn zu retten. Dies spricht noch nicht grundsätzlich gegen die Subsumtion der Lebensverlängerung unter die Lebensrettung. Es könnte allerdings erst nach dem genetischen Eingriff entschieden werden, ob diese Zuordnung berechtigt ist. Zweitens stellt eine Lebensrettung immer eine Reaktion auf eine *akute Lebensgefahr* dar. Die Aussage »Obwohl Bs Leben nicht akut gefährdet war, wurde B von A gerettet« ist widersinnig.

Auf welche akute Gefährdung des Lebens würde aber der lebensverlängernde Eingriff reagieren? Das ist schwer zu sagen. Die unbestimmte Gefahr, dass die Menschen irgendwann aufgrund der Auswirkungen oder Nebenwirkungen des Alterns sterben werden, kommt hier nicht infrage. Drittens ist es für den Erfolg einer Lebensrettung *nicht nötig*, dass die Betroffenen *die durchschnittliche Lebenserwartung* übertreffen. Wenn ein Dreißigjähriger, der zu ertrinken drohte, von einem Rettungsschwimmer geborgen wurde, dann ändert die Tatsache, dass der junge Mann zwei Tage später bei einem Verkehrsunfall ums Leben kommt, nichts daran, dass er von dem Rettungsschwimmer gerettet worden ist. Hier liegt offensichtlich ein klar erkennbarer Unterschied zur technischen Lebensverlängerung vor. Diese wäre nur dann erfolgreich, wenn die betroffene Gruppe oder zumindest die meisten ihrer Mitglieder länger lebten als die Menschen, bei denen kein genetischer Eingriff vollzogen wurde. Schließlich *bewirkt* eine lebensrettende Handlung, dass ein Mensch länger lebte, als er gelebt hätte, wenn die Handlung unterlassen worden wäre. Ob dies auf den Eingriff bei den Vierzigjährigen aus unserem Beispiel zuträfe, kann aber erstens im Voraus nicht entschieden werden, und zweitens kann man aufgrund statistischer Werte davon ausgehen, dass viele von ihnen dennoch früher als der Durchschnitt sterben würden. Einige würden wie bisher Verkehrsunfällen zum Opfer fallen, ermordet werden, sich selbst töten oder an Krankheiten sterben, bevor sie auch nur die heutige durchschnittliche Lebenserwartung erreicht hätten. Was jedoch diejenigen betrifft, die die durchschnittliche Lebenserwartung überträfen, so ließe sich nicht eindeutig feststellen, ob dies die Wirkung des genetischen Eingriffs wäre. Auch eine gesunde Lebensweise, eine starke Konstitution, günstige Umweltbedingungen oder Glück können diesen Effekt haben.

Dieser Vergleich dürfte Folgendes verdeutlicht haben: Es sprechen gute Gründe gegen die Annahme, dass sich die technische Lebensverlängerung unter die moralisch gebotene Lebensrettung subsumieren lässt. Daher ist es ebenso fragwürdig, ob es eine moralische Pflicht zur Anwendung solcher Maßnahmen gibt.

Darüber hinaus lassen sich weitere Einwände gegen die vermeintliche Pflicht zur technischen Lebensverlängerung vorbringen, die mit Fragen der sozialen Gerechtigkeit, den Problemen des Bevölkerungswachstums und der Überbevölkerung sowie der Frage nach den Prioritäten im Gesundheitswesen zusammenhängen. Diese Einwände können im Rahmen dieser Einführung nur skizziert werden. – Der *Einwand der sozialen Gerechtigkeit* beruht auf der Annahme, dass zumindest in der Anfangszeit lebensverlängernde Maßnahmen so teuer wären, dass sie nur einer Minderheit zugänglich wären, entweder weil der Staat die Durchführung solcher Maßnahmen bei allen seinen Bürgern nicht finanzieren könnte oder weil diese privat finanziert würden und daher den Reichen vorbehalten blieben. Es bestünde also die Gefahr der Herausbildung einer Zweiklassengesellschaft, in der die Masse der Kurzlebigen und die Minderheit der Langlebigen nebeneinander lebten.

Auf diesen Einwand können die Befürworter der technischen Lebensverlängerung antworten, dass dieses Problem nicht nur bei der Verlängerung des Lebens entsteht. In der Geschichte finden sich zahlreiche Fälle, in denen technische oder medizinische Neuerungen eine Zeit lang nur wenigen Menschen zugutekamen. Es sei aber nicht einzusehen, warum man deshalb auf den Einsatz dieser Techniken verzichten sollte. Stattdessen komme es darauf an, sie *möglichst vielen* Menschen zugänglich zu machen, die nach gerechten Kriterien ausgewählt werden müssten.[62] Man kann diese Antwort auf den Einwand der sozialen Gerechtigkeit an einem Beispiel erläutern. Nehmen wir an, dass ein Augenarzt für eine Mission in Afrika tätig ist. Er behandelt fast ausschließlich Patienten, die unter dem Grauen Star leiden, indem er ihnen künstliche Linsen einsetzt. Die Anzahl der Antragsteller übersteigt fast immer die Anzahl der zur Verfügung stehenden Linsen. Sollte er deshalb *niemandem* eine künstliche Linse einsetzen, weil dies angeblich gerecht wäre? Zweifellos nicht. Wenn man für »operative Beseitigung des Grauen Stars« »direkte Lebensverlängerung« einsetzt, wird deutlich, warum der Einwand der sozialen Gerechtigkeit nicht ohne Weiteres zu überzeugen vermag.

Schwieriger dürfte der *Einwand des verstärkten Bevölkerungswachstums* zu widerlegen sein. Langfristig gesehen, würde die Anwendung lebensverlängernder Maßnahmen dazu führen, dass die Weltbevölkerung noch schneller als bisher zunähme, wenn die Geburtenraten nicht sänken. Dies würde einige soziale Probleme, für die noch keine Lösungen gefunden wurden, verschärfen. Zudem könnte diese demografische Entwicklung sich auch auf die ökologischen Probleme auswirken. Unter den gegebenen Umständen erscheint es zweifellos geboten, das globale Bevölkerungswachstum zu stoppen, unter anderem deshalb, weil die natürlichen Ressourcen, beispielsweise die fossilen Brennstoffe, begrenzt sind. Wenn lebensverlängernde Maßnahmen nicht nur bei wenigen, sondern bei vielen Menschen vorgenommen würden, wäre die technische Verlängerung des Lebens nicht mit dem Gebot zu vereinbaren, das Bevölkerungswachstum zu begrenzen.

Ebenso schwerwiegend ist der *Einwand der politischen Prioritäten*. Man kann davon ausgehen, dass die Entwicklung lebensverlängernder Technologien kostspielig wäre. Einige Befürworter der Lebensverlängerung suggerieren, dass der Forschung an lebensverlängernden Techniken höchste Priorität zukommt, weil sich die Verantwortlichen, wenn sie diese Forschung nicht fördern, der unterlassenen Hilfeleistung schuldig machten.[63] Wie bereits gezeigt, besteht aber keine Analogie zwischen Lebensrettung und Lebensverlängerung. Wenn man von diesem Einwand einmal absieht, besteht noch immer das Problem, dass die finanziellen Mittel im Gesundheitswesen begrenzt sind. Die Mittel, die für die Forschung im Bereich der Lebensverlängerung ausgegeben würden, müssten an anderer Stelle eingespart werden. Unter dieser Voraussetzung ist aber nur schwer einzusehen, warum der direkten Lebensverlängerung Priorität gegenüber anderen Aufgaben eingeräumt werden sollte. Sicherlich ist es wichtiger, zunächst Therapien für bisher unheilbare Krankheiten zu entwickeln und die Armut in der Welt zu beseitigen. Gegenüber diesen Problemen nimmt sich die technische Verlängerung des Lebens wie ein Luxus aus, den man sich vernünftigerweise erst dann leisten sollte, wenn die anderen Probleme gelöst worden sind.

Alles in allem sprechen also gewichtige Gründe gegen die These, dass es eine moralische oder politische Pflicht zur Lebensverlängerung gibt.

Der Status des Leichnams und das Problem der Pflichten gegenüber Verstorbenen

Welcher moralische Status kommt dem menschlichen Leichnam zu? Unterliegen die Lebenden in ihrem Umgang mit Leichen moralischen Beschränkungen? Dürfen Leichen Organe für die Transplantation entnommen werden? Darf man sie zu wissenschaftlichen Zwecken obduzieren, auch wenn die Verstorbenen dem nicht zugestimmt haben? Dürfen Leichen für Auffahrtests in der Automobilindustrie verwendet werden? – Auf diese und ähnliche *moralische* Fragen wird man erst dann überzeugende Antworten geben können, wenn zuvor geklärt worden ist, welchen *ontischen* Status Leichen haben, das heißt, um welche Art von Gegenständen es sich bei ihnen handelt.

Im der Umgangssprache werden Leichen gewöhnlich als *tote Menschen* behandelt. Dabei wird unterstellt, dass Menschen nacheinander auf zwei verschiedene Weisen existieren können: zuerst als lebende und dann als tote Menschen. So wird etwa nach einem Erdbeben berichtet, dass einige Menschen gerettet und andere nur noch tot geborgen werden konnten. Nach einem Mord heißt es, dass die Person X tot aufgefunden wurde. Diese Annahme gilt nicht nur in Bezug auf Menschen, sondern trifft, wenn man dem üblichen Sprachgebrauch folgt, auf alle Arten von Lebewesen zu. Im Biologieunterricht werden tote Frösche seziert. Jemand kann berichten, dass hinter seinem Haus eine tote Ulme steht. Man liest, dass an der Küste mehrere tote Wale gestrandet sind. Und so weiter und so fort. Solange ihr Körper intakt ist, behandeln wir abgestorbene Pflanzen sowie tote Tiere und Menschen also immer noch als Mitglieder ihrer Spezies, und wir unterstellen, dass ein Individuum nach seinem Tod weiter als dasselbe existieren kann. Am deutlichsten zeigt sich dies an der sogenannten Identifizierung eines Leichnams, bei der es ja darum geht, einen Toten mit einem früher Lebenden *als ein und denselben Menschen* zu identifizieren.

Einige Philosophen vertreten hingegen die Auffassung, dass der übliche Sprachgebrauch irreführend ist, weil Leichen keine Menschen sein können. Diese These lässt sich anhand eines Beispiels von Jay Rosenberg illustrieren. Die Äußerung »Heute wird Tante Paula beigesetzt« beruht auf der Annahme, dass ein und dasselbe Individuum, nämlich Tante Paula, früher lebte, nun tot ist und heute beerdigt wird. Nach Rosenberg ist diese Unterstellung deshalb falsch, weil Leichen keine Personen sein können. Und da sie keine Personen sind, können sie auch nicht mit früher lebenden Personen identisch sein. Beigesetzt wird demzufolge nicht Tante Paula, sondern das, was von ihr übrig geblieben ist.[64] Wenn man Rosenbergs These verallgemeinert, dann lassen sich die ungenauen umgangssprachlichen Äußerungen über tote Körper in präzise Aussagen der folgenden Art übersetzen: »Im Biologieunterricht werden die Überreste von Fröschen seziert.« »Im Park wurde das aufgefunden, was von Müller übrig geblieben ist.« »Am Strand wurden die Überreste einiger Wale angeschwemmt.«

Die beiden gegensätzlichen Auffassungen, die man als Beendigungsthese und als These der körperlichen Fortexistenz bezeichnen kann, lassen sich folgendermaßen zusammenfassen:

Beendigungsthese: Mit dem Tod eines Menschen endet nicht nur sein Leben, sondern auch seine Existenz. Was nach seinem Tod von ihm zurückbleibt, ist zwar numerisch, aber nicht qualitativ mit ihm identisch.

These der körperlichen Fortexistenz: Mit dem Tod eines Menschen endet zwar sein Leben, aber nicht notwendigerweise auch seine Existenz. Solange der tote Körper hinreichend unversehrt ist, existiert der Mensch als toter weiter.

Welche Gründe können für diese beiden Auffassungen jeweils angeführt werden? – Die Vertreter der Beendigungsthese gehen davon aus, dass Menschen *Lebewesen* sind. Wie es der Begriff zum Ausdruck bringt, sei es für alle Lebewesen charakteristisch, dass sie leben. Folglich könne es keine toten Menschen geben. Dabei wird nicht bestritten, dass ein Leichnam jeweils numerisch identisch mit einem früher lebenden Menschen ist; jener ist ja aus diesem hervorgegangen. Diese raum-zeitliche Kontinuität reiche aber nicht hin, um auch die qualitative Identität zwischen beiden zu gewährleisten. Obwohl Leichen Menschen ähneln und einige charakteristische menschliche Merkmale aufweisen, seien sie keine Menschen, sondern Sachen.

Folgt man den Vertretern der Beendigungsthese, dann handelt es sich beim Tod also nicht um die Veränderung eines Zustands, die sich an ein und demselben Gegenstand vollzieht. Durch den Tod wird ein Mensch nicht vom Zustand des Lebendigseins in den Zustand des Totseins überführt. Vielmehr sei der Tod eine *Veränderung der Art*: Mit dem Tod verschwinde ein Gegenstand, welcher der Menge der Menschen angehörte, und an seine Stelle trete ein Gegenstand, der einer anderen Menge angehört.[65] Dieter Birnbacher zufolge findet mit dem Eintritt des Todes »der tiefgreifendste uns aus der lebendigen Natur bekannte Kategorienwechsel statt, ein radikaler *ontologischer Ab-*

sturz: der irreversible Übergang von der Person zur Sache«[66].

Die Anhänger der These der körperlichen Fortexistenz können hingegen darauf verweisen, dass lebende Menschen und intakte Leichname etliche Merkmale teilen[67]: Erstens *gleicht* ein toter organischer Körper *äußerlich* dem Organismus, aus dem er hervorgegangen ist. Deshalb kann man anhand ausgestopfter Vögel oder toter Insekten, die in Naturkundemuseen ausgestellt werden, lernen, die einzelnen Arten zu benennen und zu unterscheiden. Zweitens besteht der tote Körper aus *demselben organischen Material* wie der früher lebende. Dagegen würden wir eine perfekte Nachbildung eines Verstorbenen aus synthetisch hergestelltem organischem Material zwar als Modell, nicht aber als Leichnam bezeichnen. Drittens sind der lebende und der tote Körper *genetisch identisch*. Aus diesem Grund kann ein Verstorbener anhand der DNS seines Leichnams identifiziert werden. Und ebenso wie ein lebender organischer Körper ist der tote Körper viertens *ein gegliedertes Ganzes*. Das unterscheidet ihn von den bloßen Überresten eines Lebewesens. Wenn zum Beispiel ein abgestorbener und gefällter Baum vollständig zu Sägemehl verarbeitet worden ist, dann gibt es keinen toten Baum mehr, sondern nur noch etwas, was von dem lebenden Baum zurückgeblieben ist. Schließlich besteht der tote organische Körper fünftens *aus denselben Teilen* wie der früher lebende, und diese sind *genauso angeordnet* wie beim lebenden Organismus. Nur unter dieser Voraussetzung lässt sich verstehen, warum es sinnvoll ist, Leichen in der Anatomieausbildung künftiger Mediziner zu verwenden.

Folgt man den Vertretern der These der körperlichen

Fortexistenz, dann besteht der einzige wesentliche Unterschied zwischen lebenden und toten Menschen darin, dass Erstere leben, Letztere nicht. Aufgrund der genannten Gemeinsamkeiten seien lebende und tote organische Körper jedoch nicht nur numerisch, sondern auch hinreichend qualitativ identisch, um sie als Mitglieder derselben Spezies zu bezeichnen. Wenn man dieses Ergebnis auf Menschen und ihre Leichname anwendet, ergibt sich Folgendes: Ein Mensch kann nacheinander auf zweierlei Weise existieren. Vor seinem Tod existiert er als lebender Mensch, und nach seinem Tod existiert er so lange als toter Mensch weiter, wie sein Leichnam hinreichend unversehrt ist.

Es dürfte deutlich geworden sein, dass sich die Kontroverse zwischen den Vertretern der beiden Auffassungen, der Beendigungsthese und der These der körperlichen Fortexistenz, letztlich auf eine Frage reduzieren lässt: *Ist Lebendigkeit eine notwendige Bedingung für die Zugehörigkeit zu einer biologischen Spezies?* Je nachdem, wie man diese Frage beantwortet, wird man den menschlichen Leichnam entweder als toten Menschen begreifen oder als etwas, das von einem Menschen wesentlich verschieden ist. Es kann hier nicht abschließend geklärt werden, welche der beiden Thesen die überzeugendere ist. Unabhängig davon kann man jedoch feststellen, wie sich diese beiden *ontologischen* Auffassungen auf das Urteil über den *moralischen* Status des Leichnams auswirken.

Falls man die These der körperlichen Fortexistenz vertritt, gibt es einen guten Grund dafür, Leichname mit Respekt zu behandeln: Jeder Leichnam ist mit einem früher lebenden Menschen identisch. Wer einen Leichnam schädigt, der schädigt einen Menschen – und das bedarf der

Rechtfertigung. Zwar können Leichen nicht alle die Schädigungen zugefügt werden, die Lebende erleiden können. Man kann ihnen beispielsweise keinen Schmerz zufügen oder sie demütigen. Zumindest einige Übel können aber Leichen ebenso wie Lebenden zugefügt werden. Man kann ihre körperliche Unversehrtheit beeinträchtigen, sie lächerlich machen, verkaufen usw. Aus der These der körperlichen Fortexistenz ergeben sich deshalb prima facie gültige moralische Pflichten gegenüber Leichnamen. Wie wahrscheinlich alle moralischen Pflichten können diese mit anderen Pflichten in Konflikt geraten. In solchen Fällen müssen die verschiedenartigen moralischen Gründe sorgfältig gegeneinander abgewogen werden. Wenn wir Pflichten gegenüber Leichen hätten, würde das nicht zwingend bedeuten, dass die Schädigung eines toten Menschen niemals gerechtfertigt werden könnte, sondern nur, dass sie überhaupt einer moralischen Begründung bedürfte.

Anders verhält es sich, wenn man von der Beendigungsthese ausgeht. In diesem Fall gelten tote menschliche Körper als Sachen. Da wir gegenüber Sachen keine direkten moralischen Pflichten haben können, scheint es zunächst ausgeschlossen zu sein, dass unser Umgang mit toten menschlichen Körpern moralischen Beschränkungen unterliegen könnte. Diese Schlussfolgerung lässt sich allerdings dann vermeiden, wenn man zwischen *direkten* und *indirekten* moralischen Pflichten unterscheidet. Zwar können wir, wenn Leichen Sachen sind, ihnen gegenüber keine direkten Pflichten haben. Möglicherweise lassen sich aber indirekte Pflichten gegenüber Leichnamen begründen. Diese Auffassung wird tatsächlich von einigen Autoren vertreten.

Die Begründung indirekter Pflichten gegenüber Leichnamen beruht auf dem Gedanken, dass wir Lebende ein Interesse daran haben, dass man die toten Körper, die *wir* zurücklassen werden, mit Respekt behandeln wird. Dieses Interesse verbindet sich mit dem grundlegenden moralischen Recht auf Selbstbestimmung. Das Recht eines Menschen, selbst zu entscheiden, wie mit seinem Körper verfahren werden darf, bezieht sich nicht nur auf seine Lebenszeit, sondern auch auf die Zeit nach seinem Tod. Daraus ergibt sich, dass lebende Menschen (nicht die toten menschlichen Körper selbst) ein Recht darauf haben, dass ihre Leichname respektvoll behandelt werden. Diesem Recht der Lebenden entspricht die indirekte Pflicht gegenüber den Leichen.[68] Der Unterschied zu einer direkten moralischen Pflicht, bei der Subjekt und Objekt des Rechts identisch sind, besteht darin, dass hier das Subjekt des moralischen Rechts (ein lebender Mensch) nicht mit dem Objekt, auf das sich die Pflicht bezieht (dem Leichnam), identisch ist.

Diese Begründungsfigur scheint auch eine überzeugende Antwort auf die Frage zu bieten, wie sich moralische Pflichten gegenüber Verstorbenen im Allgemeinen rechtfertigen lassen. Die Pflichten, die wir gegenüber Verstorbenen zu haben scheinen, betreffen ja nicht nur den Umgang mit Leichen. Auch der testamentarisch verfügte Wunsch etwa, dass das Vermögen eines Verstorbenen einer Stiftung zugutekommen soll, scheint Respekt zu verdienen. Außerdem bleibt häufig nach dem Tod eines Menschen kein toter Körper übrig, zum Beispiel dann nicht, wenn er eingeäschert worden ist. Auch in diesen und ähnlichen Fällen scheinen sich indirekte Pflichten gegenüber Verstorbenen begründen zu lassen. Folgt man den Vertretern dieser Auffassung, dann sind die Lebenden nicht deshalb verpflichtet, den letzten Wunsch eines Verstorbenen zu erfüllen, weil sie ansonsten dem Toten schaden würden, sondern weil sie das Selbstbestimmungsrecht des früher lebenden Menschen respektieren sollen.

Dieser Gedanke wird gelegentlich mit folgender vertragstheoretischer Überlegung verknüpft: Jeder Lebende hat, sofern er vernünftig ist, ein Interesse daran, dass man eines Tages seinen Leichnam pietätvoll behandeln wird. Daher haben alle einen guten Grund, die Regel zu befürworten, dass Leichname grundsätzlich mit Respekt behandelt werden sollen. Anders gesagt: Wenn Lebende eine völlig neue Gesellschaft gründeten und fragten, welche moralischen Regeln in dieser Gesellschaft gelten sollten, dann würden sie sich vernünftigerweise unter anderem auf die Regel einigen, dass Leichname nicht wie andere leblose Dinge, sondern mit Respekt behandelt werden sollen.[69] Dieser Gedanke lässt sich so verallgemeinern, dass er nicht nur für Leichen, sondern für alle Verstorbenen gilt, unabhängig davon, ob ihre toten Körper noch existieren oder nicht. Beispielsweise sollten alle Lebenden vernünftigerweise daran interessiert sein, dass nach ihrem Tod keine falschen Gerüchte über sie verbreitet werden. Also unterliegen die Menschen bei ihren Äußerungen über Verstorbene der indirekten Pflicht der Wahrhaftigkeit.

Diese Begründung indirekter Pflichten gegenüber Leichen im Besonderen und Verstorbenen im Allgemeinen scheint auf elegante Weise das Problem zu lösen, wie der Umgang mit den Toten moralischen Beschränkungen unterworfen sein kann, obwohl diese nicht mehr als Menschen betrachtet werden. Erstens wird mit ihr nicht unterstellt, dass Tote moralische Rechte haben; die Rechte, um die es hier geht, kommen vielmehr Lebenden zu. Indirekte Pflichten gegenüber Verstorbenen beruhen also nicht auf der Annahme sogenannter »postmortaler Rechte«. Zweitens scheint sie dem Einwand zu entgehen, der auf Epikurs Erlebbarkeitsbedingung für Güter und Übel beruht. Die Begründung indirekter Pflichten gegenüber Leichen und Verstorbenen scheint deshalb unabhängig von der Annahme zu sein, dass Toten etwas Schlechtes widerfahren kann, weil sie nur auf die Interessen Lebender zurückgreift.

Allerdings lässt sich bezweifeln, ob die dargestellte Begründung zu überzeugen vermag. Man kann nämlich fragen, wie lebende Menschen vernünftige Interessen in Bezug auf die Zeit nach ihrem Tod haben können, obwohl ihre Existenz mit dem Tod vollständig endet. Wenn man von der Beendigungsthese ausgeht – und dies tun in der Regel diejenigen, die für indirekte Pflichten gegenüber Verstorbenen plädieren –, dann kann nichts, was meinem Leichnam angetan werden wird, *mir* zustoßen. Die Identifizierung eines Lebenden mit seinem Leichnam ist ja der Beendigungsthese zufolge gerade ungerechtfertigt. Das Interesse daran, dass die eigene Leiche mit Respekt behandelt wird, beruht insofern auf einer falschen Überzeugung; und Bedürfnisse, die auf falschen Überzeugungen beruhen, können offensichtlich keine legitimen moralischen Ansprüche begründen.

Was den moralischen Status des Leichnams betrifft, so scheinen wir damit vor folgender Alternative zu stehen: Entweder man vertritt die These der körperlichen Fortexistenz; in diesem Fall lassen sich direkte moralische Pflichten gegenüber Leichen begründen. Oder man geht mit der Beendigungsthese davon aus, dass das Leben mit dem Tod vollständig endet, sodass ein Leichnam und ein früher lebender Mensch nicht qualitativ identisch sein können. Unter dieser Voraussetzung scheinen sich keinerlei moralische Pflichten gegenüber Leichnamen rechtfertigen zu lassen.

Noch schwieriger dürfte es sein, Pflichten gegenüber Verstorbenen zu begründen, deren Körper nicht mehr existieren, denn in diesem Fall kann man sich nicht einmal mehr auf die These der körperlichen Fortexistenz berufen. Der einzige moralische Grundsatz, den man hier heranziehen kann, ist das Prinzip der Selbstbestimmung: Menschen haben das moralische Recht, selbst darüber zu bestimmen, was sie tun und was mit ihrem Körper geschieht. Dieser Grundsatz dürfte aber allein nicht hinreichen, um Verbote zu begründen, die sich auf das Handeln *anderer* beziehen. Verletzt zum Beispiel jemand, der heutzutage unwahre Gerüchte über Franz Kafka ausstreut, Kafkas Recht auf Selbstbestimmung? – Wohl kaum.

Diese Überlegungen dürften gezeigt haben, dass es nicht leicht ist, die Pflichten gegenüber Leichnamen und Verstorbenen, von deren Geltung viele Menschen überzeugt sind, auf plausible Weise zu begründen. Auf diesem Gebiet bleibt der Moralphilosophie noch einiges zu tun.

Die Selbsttötung

Die Frage nach der moralischen Berechtigung des Suizids und nach derjenigen der Sterbehilfe hängen eng miteinander zusammen. Allerdings haben beide Probleme in der

Geschichte der Philosophie nicht die gleiche Aufmerksamkeit erfahren. Die Frage, ob sich ein Mensch selbst töten darf, wurde bereits in der Antike diskutiert. Das Problem, ob die Sterbehilfe moralisch erlaubt ist, rückte hingegen, von wenigen Ausnahmen abgesehen, erst im 20. Jahrhundert in das Blickfeld der Philosophie. Über beide Themen wird nach wie vor eine intensive und kontroverse Debatte geführt, die leider häufig aufgrund starker Emotionen, religiösen Eifers oder persönlicher Angriffe an Sachlichkeit zu wünschen übrig lässt. Ein Grund dafür, dass die gegenwärtige Auseinandersetzung über Suizid und Euthanasie häufig so erbittert geführt wird, besteht darin, dass es in beiden Fällen nicht nur um die Begründung einer moralischen Norm, sondern auch um die Gestaltung der *Rechtsordnung* geht. Während sich die einen dafür einsetzen, dass die institutionelle Unterstützung Lebensmüder, beispielsweise in der Form von Suizidkliniken, und die aktive Sterbehilfe legalisiert werden, verteidigen andere den rechtlichen Status quo, indem sie zu zeigen versuchen, dass es gute Gründe für das Verbot der aktiven Sterbehilfe und des institutionalisierten Suizids gibt. Es geht also in der Debatte darum, welche Rechtsnormen für alle Bürgerinnen und Bürger gelten sollen. In diesem Abschnitt soll die Diskussion über den Suizid dargestellt werden, im nächsten Abschnitt das Problem der Sterbehilfe.

In der philosophischen Debatte werden verschiedene Begriffe gebraucht, um die Handlungen oder Unterlassungen, durch die sich Menschen töten, zu bezeichnen. Gebräuchlich ist noch immer der abwertende Begriff »Selbstmord«. Dieser Begriff ist aus einem leicht einsichtigen Grund widersinnig. Unter »Mord« versteht man die heimtückische Tötung eines Menschen gegen dessen Willen. Es ist offensichtlich, dass niemand sich selbst ermorden kann, weil sich kein Mensch heimtückisch gegenüber sich selbst verhalten kann und weil Suizidenten sterben wollen. Zwar nicht widersinnig, aber irreführend ist hingegen der ebenfalls gebräuchliche Begriff »Freitod«. Mit ihm wird unterstellt, dass alle Menschen, die sich selbst töten, eine freie Entscheidung für den Tod und gegen das Leben getroffen haben. Die Ergebnisse der empirischen Forschung und die Erfahrungen in der klinischen Betreuung Suizidaler lassen aber keinen Zweifel daran bestehen, dass einige Suizidenten ihre Tat selbst als zwanghaft empfinden, beispielsweise weil sie sich aufgrund suizidaler Fantasien zu ihr genötigt fühlen. Deshalb empfiehlt es sich, den neutralen Begriff »Selbsttötung« zu verwenden.

In der antiken Philosophie gab es keine herrschende Meinung über die Selbsttötung. Während einige Philosophen, wie Platon und Aristoteles, sie für moralisch verwerflich hielten, sahen andere, wie etwa die Stoiker, die Kyniker und die Epikureer, in der Fähigkeit zum »vernünftigen Verlassen des Lebens« (*eúlogos exagogé*) ein Privileg des Menschen und einen Ausdruck seiner Freiheit. Allgemein geächtet wurde die Selbsttötung in unserem Kulturkreis erst, nachdem sich das Christentum als herrschende Religion in der westlichen Welt durchgesetzt hatte. Das Verbot der Selbsttötung wurde im kirchlichen und weltlichen Recht festgeschrieben. Die Strafe für einen abwertend »Selbstmörder« genannten Menschen wurde an seinem Leichnam oder an seinen Hinterbliebenen vollzogen. Beispielsweise wurden die Leichen häufig öffentlich nackt aufgehängt und dann ohne Grabstätte verscharrt. Den Angehörigen wurde oft das Erbrecht entzogen, sodass der Familie eines »Selbstmörders« nicht selten durch den Staat die Existenzgrundlage entzogen wurde.

Das religiös begründete moralische und rechtliche Verbot der Selbsttötung wurde jahrhundertelang nicht infrage gestellt. Erst im Zeitalter der Aufklärung versuchten Philosophen wie Montesquieu und Hume die überlieferten Argumente gegen das Recht zur Selbsttötung zu widerlegen. In dieser Zeit wurde in den meisten europäischen Staaten die Strafbarkeit der Selbsttötung aufgehoben, in Preußen beispielsweise unter Friedrich dem Großen. (In England wurde der entsprechende Paragraf allerdings erst 1961 abgeschafft.) Doch auch wenn die Bestrafung des Suizids vor über zweihundert Jahren aufgehoben wurde, ist die Überzeugung, dass man sich nicht töten darf, aufgrund des Einflusses des Christentums noch immer verbreitet.

Selbstverständlich steht es Christen und Mitgliedern anderer Religionsgemeinschaften in liberalen Staaten frei, aus religiösen Gründen von der Fähigkeit, sich selbst zu töten, keinen Gebrauch zu machen. In einer pluralistischen Gesellschaft, in der Gläubige und Ungläubige zusammenleben müssen, lässt sich aber durch religiöse Überzeugungen weder ein allgemeines moralisches noch ein rechtliches Verbot begründen. Wenn es überhaupt *allgemein verbindliche* Gründe für das Verbot der Selbsttötung geben sollte, dann müssten diese unabhängig von der Religion sein. Welche moralischen Gründe lassen sich nun für oder gegen die Erlaubtheit des Suizids anführen, wenn man von der religiösen Überzeugung absieht, dass Gott allein der Herr über Leben und Tod ist? – Grundsätzlich kommen hier drei Möglichkeiten in Betracht: Die Selbsttötung könnte gegen eine Pflicht gegenüber sich selbst oder gegen eine Pflicht gegenüber anderen Menschen oder gegen beide verstoßen.

Für die Auffassung, dass Selbsterhaltung eine moralische Pflicht *gegen sich selbst* ist, wurden vor allem drei Begründungen angeführt: 1. Der Suizid sei unnatürlich. 2. Der Mensch dürfe über sein eigenes Leben nicht verfügen. 3. Der Mensch sei verpflichtet, sich als moralisches Wesen so lange wie möglich zu erhalten, damit er sich möglichst lange um moralische Vervollkommnung bemühen kann. Die erste Begründung, dass es unnatürlich sei, sich das Leben zu nehmen, kann auf verschiedene Weise verstanden werden.[70] Weit verbreitet war und ist die Annahme eines natürlichen *Selbsterhaltungstriebs*. Diese vermag aus einem einfachen Grund nicht zu überzeugen. Es gehört zum Begriff des Triebs, dass triebhafte Verhaltensweisen dem stetigen Wechsel von Mangel und Befriedigung unterliegen. Für den Nahrungstrieb etwa ist es kennzeichnend, dass der Zustand des Mangels, der Hunger, das Verhalten der Nahrungssuche und -aufnahme auslösen kann. Danach stellt sich der Zustand der Befriedigung ein, in diesem Fall das Sättigungsgefühl. Nach einer Weile lässt es nach, und der Mangel macht sich erneut bemerkbar. Offensichtlich ist dieses Modell nicht auf die Selbsterhaltung anwendbar. Als Zustand des Mangels an Selbsterhaltung käme nämlich nur das Totsein infrage, sodass, wenn es denn einen Selbsterhaltungstrieb gäbe, sich ein steter Wechsel von Leben und Totsein vollziehen müsste. Dies ist schon deshalb ausgeschlossen, weil der Tod ein unumkehrbares Ereignis ist. Die Annahme eines natürlichen Selbsterhaltungstriebs ist deshalb unhaltbar.

Zweitens kann die Lehre von der Unnatürlichkeit der Selbsttötung besagen, dass das Streben nach Selbsterhaltung zum *Wesen des Menschen* und möglicherweise aller anderen Wesen gehöre. Diese Auffassung ist beispielsweise von Baruch de Spinoza (1632–1677) vertreten worden. Er behauptet, dass jedes Ding immer nur von einer äußeren Ursache zerstört werden könne.[71]

Unter den wesentlichen Eigenschaften einer Gegenstandsklasse versteht man gewöhnlich die Eigenschaften, die für diese Klasse konstitutiv sind. Nun ist es aber ganz offensichtlich eine allgemein menschliche und spezifisch menschliche Eigenschaft, dass Menschen sich töten können, weil sie ihren Tod begrifflich antizipieren und handeln können. Es kann also keine Rede davon sein, dass der Suizid gegen das Wesen des Menschen »verstoße« und in diesem Sinn unnatürlich sei.

Schließlich wird auch behauptet, dass es dem Menschen moralisch geboten sei, sich selbst zu lieben, und dass die Selbsttötung mit der natürlichen Selbstliebe unvereinbar sei. So heißt es etwa bei dem mittelalterlichen Theologen Thomas von Aquin (ca. 1225–1274): »Sich selbst zu töten ist ganz und gar unerlaubt. [...] Erstens liebt jedes Wesen von Natur aus sich selbst; und daher kommt es, daß jedes Wesen von Natur aus sich selbst im Sein zu erhalten sucht und denen, die es vernichten wollen, widersteht, so viel es nur immer imstande ist. Daß also einer sich selbst das Leben nimmt, ist gegen den Naturtrieb und gegen die Liebe, mit der jeder sich selbst lieben muß.«[72] Der Fehler in diesem Argument ist leicht zu entdecken. Wenn Liebe überhaupt zu etwas verpflichtet, dann dazu, dem geliebten Wesen Gutes zu tun. Bisher liegt allerdings keine überzeugende

Begründung dafür vor, dass es unter allen Umständen besser wäre, weiterzuleben, als zu sterben. Im Gegenteil: Wer die Augen nicht vor der Wirklichkeit verschließt, der wird zugestehen müssen, dass das Leben in manchen Fällen elend sein kann. Wenn aber der Tod für die betroffene Person gut sein kann, dann ist die Selbsttötung in bestimmten Situationen nicht nur mit dem Gebot der natürlichen Selbstliebe vereinbar; vielmehr fordert diese Selbstliebe unter Umständen, dass jemand seinem Leben ein Ende setzt, um überflüssiges Leid zu vermeiden. – Zusammenfassend lässt sich sagen, dass die Behauptung, der Suizid sei unnatürlich, nicht zu überzeugen vermag, unabhängig davon, wie man sie deutet.

Ein anderer Versuch, die Pflicht der Selbsterhaltung als eine Pflicht gegen sich selbst zu begründen, beruht auf der Voraussetzung, dass der Mensch über sein eigenes Leben nicht verfügen dürfe. Die religiöse Fassung dieses Arguments, die sich beispielsweise bei Platon, John Locke und Immanuel Kant findet, besagt, dass der Mensch Eigentum der Götter oder Gottes sei und dass er das ihm anvertraute Gut des Lebens bewahren müsse.[73] Bei Kant findet sich jedoch auch eine Variante des Arguments, die unabhängig von religiösen Voraussetzungen ist. Kant zufolge ist es moralisch grundsätzlich verboten, ein vernünftiges Wesen nur als Mittel für die Erreichung der eigenen Zwecke zu benutzen. Genau dies, so legen einige Textstellen nahe, tue aber der »Selbstmörder«. Er benutze sich selbst als bloßes Mittel, um sich selbst vor drohenden Übeln zu bewahren, zum Beispiel vor den mit einer unheilbaren Krankheit verbundenen Schmerzen. Wenn man diese Aussage wörtlich nimmt, dann ist sie offensichtlich falsch. Der Suizident will ja sterben. Er will sich töten, um seinen eigenen Zweck zu erreichen. Es kann daher keine Rede davon sein, dass er sich selbst instrumentalisiert. Ein Mensch kann einen Menschen nur dann für seine Zwecke instrumentalisieren, wenn beide nicht identisch sind.

Bei genauerer Lektüre zeigt sich freilich, dass Kant etwas anderes gemeint hat. Der »Selbstmörder« behandle nicht sich selbst, sondern die »Menschheit in seiner Person« nur als Mittel, um sein Leiden abzukürzen. Deshalb trifft der Einwand, dass eine Instrumentalisierung die Nichtidentität von Handelndem und Behandeltem voraussetzt, auf das Argument nicht zu. Unter der »Menschheit in der Person« versteht Kant die Anlage oder Fähigkeit, moralisch zu handeln, das heißt, mittels der reinen praktischen Vernunft die eigenen Handlungsgrundsätze daraufhin zu prüfen, ob sie als allgemeine Gesetze gewollt werden können. Kant will also Folgendes sagen: Der »Selbstmörder« ordnet seine Selbsterhaltung als moralisches Wesen dem Interesse an seinem Wohlergehen unter. – Aber warum sollte dies nicht erlaubt sein? Warum sollte ich auch dann, wenn mir mein Leben unerträglich geworden ist, alles daransetzen, möglichst lange zu leben, damit ich möglichst lange moralisch handeln kann?

Kants Antwort lautet, dass Moralität ein Selbstzweck ist, also etwas, das um seiner selbst willen sein soll. Kant schreibt der Moralität und der Existenz moralischer Wesen einen intrinsischen und absoluten Wert zu. Deshalb hält er die Frage, warum es überhaupt moralische Wesen geben sollte und warum sich jeder Mensch möglichst lange als moralisches Subjekt erhalten sollte, für verfehlt. Das Streben nach Selbsterhaltung ist moralisch geboten, weil Lebendigkeit die notwendige Bedingung dafür ist, moralisch handeln zu können: »Der Persönlichkeit kann der Mensch sich nicht entäußern, so lange von Pflichten die Rede ist, folglich so lange er lebt, und es ist ein Widerspruch, die Befugnis zu haben, sich aller Verbindlichkeit zu entziehen, d. i. frei so zu handeln, als ob es zu dieser Handlung gar keiner Befugnis bedürfte. Das Subjekt der Sittlichkeit in seiner eigenen Person zernichten, ist eben so viel, als die Sittlichkeit selbst ihrer Existenz nach, so viel an ihm ist, aus der Welt vertilgen, welche doch Zweck an sich selbst ist [...].«[74] Johann Gottlieb Fichte (1762–1814) schließt sich Kant an und formuliert die Begründung des Suizidverbots so: »Mein Leben ist die ausschließliche Bedingung der Vollbringung des Gesetzes durch mich. Nun ist mir schlechthin geboten, das Gesetz zu vollbringen. Mithin ist mir schlechthin geboten, zu leben; inwieweit dies von mir abhängt. Diesem Gebote widerspricht geradezu die Zerstörung meines Lebens durch mich selbst. – Sie ist sonach schlechthin pflichtwidrig.«[75]

Die von Kant, Fichte und anderen bis in die Gegenwart hinein vertretene Auffassung ist in sich schlüssig. Fragwürdig ist aber ihre Voraussetzung: Warum sollte der Moral – unabhängig von ihrer Funktion für das menschliche Leben – ein absoluter Wert zukommen? Verhält es sich nicht vielmehr so, dass die Beschränkungen, die uns die Moral auferlegt, nur dadurch gerechtfertigt sind, dass die Moral eine bestimmte *Funktion* hat? William Frankena (1908–1994) hat diese Ansicht äußerst prägnant zusammengefasst: »Die Moral ist für den Menschen geschaffen, nicht der Mensch für die Moral.«[76] Die Auffassung, dass die Moral kein Selbstzweck ist, sondern eine Funktion hat, entspricht nicht nur dem vorphilosophischen Verständnis, sie wird auch von der Mehrzahl der Moralphilosophen vertreten.

Die Frage, welche der beiden Auffassungen der Moral die richtige ist, wird sich kaum mit rationalen Argumenten entscheiden lassen. Man kann aber Folgendes festhalten: Sofern das Suizidverbot als Pflicht gegen sich selbst dadurch begründet wird, dass Moralität als Selbstzweck angesehen wird, kann die Begründung keinen Anspruch auf allgemeine Akzeptanz erheben, weil sie auf einer Voraussetzung beruht, die nicht von allen moralischen Akteuren geteilt wird.

Wie verhält es sich mit der Annahme, dass die Selbsttötung gegen die Pflichten verstößt, die wir gegenüber *anderen* Menschen haben? Hier ist zunächst zu bedenken, dass das moralische Recht auf *Selbstbestimmung* heute weitgehend anerkannt ist. Daraus folgt nicht, dass alles moralisch erlaubt wäre, wohl aber dass Beschränkungen der Selbstbestimmung gerechtfertigt werden müssen. Als Gründe, die für derartige Beschränkungen sprechen können, kommen vor allem zwei in Betracht: die Wahrscheinlichkeit, dass andere Menschen geschädigt werden, und das Bestehen bestimmter Pflichten gegenüber anderen. Man kann daher von folgender Annahme ausgehen: Das grundlegende moralische Recht auf Selbstbestimmung schließt das moralische Recht ein, sich selbst zu töten. Andererseits können aber auch Gründe gegen die moralische Erlaubtheit des Suizids sprechen.

Diese recht vage Aussage lässt sich präzisieren, wenn man zwischen den Pflichten, die eine Person gegenüber der Gesellschaft als Ganzer hat, und denjenigen, die sie in Bezug auf einzelne Menschen hat, unterscheidet. Was die Gesellschaft betrifft, so gilt zweifellos der Grundsatz, dass meine Handlungen anderen nicht schaden sollen. Autoren, die das moralische Recht, sich selbst zu töten, bestreiten, weisen nun darauf hin, dass wahrscheinlich jeder Suizident mindestens einer anderen Person Schaden zufügen wird. Wer sich beispielsweise in einem Park erhängt, der muss davon ausgehen, dass die Person, die seinen Leichnam finden wird, von dem Bild des Toten verfolgt werden wird.[77] Meines Erachtens folgt daraus aber nur, dass ein Mensch, der seinem Leben ein Ende setzen will, bemüht sein sollte, anderen dabei *möglichst wenig Schaden* zuzufügen. Er sollte sich zum Beispiel nicht vor einen fahrenden Zug werfen, weil er damit rechnen muss, dass der Lokführer einen Schock erleiden und möglicherweise berufsunfähig werden wird. Warum es der Lebensmüde allerdings niemandem zumuten dürfte, seinen Leichnam zu finden, ist nicht einzusehen – früher oder später wird jeder von uns tot aufgefunden werden.

Ähnlich verhält es sich mit den Verpflichtungen, die ein Mensch freiwillig eingegangen ist, man denke etwa an die Verpflichtungen einer Mutter gegenüber ihren Kindern oder an die eines Mannes gegenüber seiner Frau. In diesem Fall liegt eine Kollision zwischen einem moralischen Recht und einer moralischen Pflicht vor, keines der beiden Elemente hat grundsätzlich Vorrang. Der Ehemann hat das prima facie gültige Recht auf Selbstbestimmung, und er unterliegt der prima facie gültigen Pflicht, seiner Frau beizustehen. Einer der beiden Ansprüche könnte nur dann unter allen Umständen den Vorrang beanspruchen, wenn es sich bei ihm um eine *ausnahmslose* Pflicht oder ein *aus-*

nahmsloses Recht handelte. Nun ist es aber unstrittig, dass beispielsweise die Pflicht eines Vaters, für seine Kinder zu sorgen, anderen Pflichten untergeordnet werden kann, beispielsweise der Pflicht, in einem Verteidigungskrieg sein Volk zu verteidigen. Ähnliches gilt für fast alle Verpflichtungen gegenüber anderen Menschen. Daher dürfte es, wenn überhaupt, nur sehr wenige ausnahmslose Pflichten geben. Das Gleiche gilt für moralische Rechte.

Wie Konflikte zwischen zwei prima facie geltenden moralischen Ansprüchen im Einzelfall gelöst werden müssen, kann nicht allein anhand allgemeiner Grundsätze entschieden werden. Es müssen jeweils die Interessen aller Betroffenen gegeneinander abgewogen werden. Dabei darf auch das Leiden des Lebensmüden, von dem man erwartet, dass er sein Leben fortsetzt, nicht vergessen werden. Zu bedenken ist auch, dass etliche Suizidenten vereinsamt sind und weder Angehörige noch Freunde haben. Bei diesen Menschen trifft der Verweis auf Pflichten gegenüber bestimmten anderen Menschen ohnehin nicht zu.

Deutlich wird, dass es kaum möglich sein dürfte, auf überzeugende Weise ein ausnahmsloses moralisches Verbot der Selbsttötung zu begründen. Unter dieser Voraussetzung muss aber die Frage gestellt werden, ob es moralisch vertretbar wäre, Lebensmüde institutionell dabei zu unterstützen, ihrem Leben auf möglichst würdige und schmerzfreie Weise ein Ende zu setzen. Zwar ist die Beihilfe zum Suizid straffrei; Gesellschaft und Staat verfolgen aber seit Jahrzehnten das Ziel, die »Ausgänge aus dem Leben« zu schließen, etwa durch die Entgiftung von Hausgas und Schlaftabletten.[78] Aus diesem Grund sehen sich viele Lebensmüde gezwungen, zu riskanten Methoden zu greifen oder zu solchen, bei denen anderen Menschen Leid zugefügt wird. Riskant sind Methoden, die möglicherweise einen sehr schmerzhaften Sterbeprozess bewirken oder dazu führen, dass der Suizidale mit schweren körperlichen oder geistigen Schädigungen überlebt, sodass es ihm nach seinem missglückten Suizidversuch noch schlechter geht als zuvor.

Auf lange Sicht wird sich eine offene moralische Debatte über die Zulässigkeit der institutionell unterstützten Selbsttötung sicherlich nicht verhindern lassen. Dass dabei auch pragmatische Erwägungen berücksichtigt werden, vor allem die Gefahr des Missbrauchs, versteht sich von selbst. Zu beachten ist in diesem Zusammenhang übrigens, dass sich die institutionalisierte Beihilfe zum Suizid durchaus mit der seelsorgerischen Betreuung Lebensmüder vereinbaren ließe. Die Verfechter der Suizidkliniken fordern nicht, dass man den Wunsch eines Menschen, der sterben will, einfach hinnehmen und befolgen sollte. Im Gegenteil: Bevor einem Menschen dabei geholfen werden dürfte, sich auf möglichst schmerzfreie Weise zu töten, müsste sorgfältig geprüft werden, ob seine Lebensumstände nicht so geändert werden könnten, dass er den Wunsch zu sterben aufgäbe.

Die Sterbehilfe

Unter den moralischen Problemen, die sich aus unserer Sterblichkeit ergeben, ist die Frage nach der Zulässigkeit der Sterbehilfe zweifellos dasjenige, dem in der Öffentlichkeit die größte Aufmerksamkeit zuteil wird. Dafür gibt es sicherlich mehrere Gründe. Die durchschnittliche Lebenserwartung steigt seit Jahrzehnten und der Anteil alter Menschen an der Bevölkerung nimmt zu. Außerdem haben sich die technischen Möglichkeiten, kranke Menschen am Leben zu erhalten, in beachtlichem Maße vergrößert. Beispielsweise werden allein in Deutschland jährlich etwa 140 000 Magensonden gelegt, um kranke Menschen künstlich zu ernähren – zwei Drittel von ihnen sind Bewohner von Pflegeheimen. Etwa die Hälfte dieser Sondenträger ist demenzkrank.[79] Schließlich müssen viele Menschen, die an schmerzhaften und unheilbaren Krankheiten leiden, in der letzten Phase ihres Lebens furchtbare Schmerzen ertragen, weil die palliativmedizinische Behandlung aus Kostengründen oft unzureichend ist. Infolgedessen gibt es immer mehr Menschen, die sterben wollen, aber keine Möglichkeit sehen, ihr Leben selbst auf würdige und möglichst schmerzfreie Weise zu beenden. Ist es Ärzten oder anderen Menschen erlaubt, dem Wunsch, getötet zu werden, nachzukommen?

Bevor wir uns den Argumenten für und wider die moralische Erlaubtheit der Sterbehilfe zuwenden, muss eine wichtige begriffliche Unterscheidung eingeführt werden. In der Debatte unterscheidet man zwischen »aktiver«, »passiver« und »indirekter Sterbehilfe«. Von »aktiver Sterbehilfe« spricht man, wenn der Tod eines anderen Menschen auf dessen Wunsch hin direkt herbeigeführt wird, zum Beispiel durch die Injektion einer tödlichen Substanz. Unter »passiver Sterbehilfe« versteht man den Verzicht auf eine medizinische Behandlung oder deren Abbruch mit dem Ziel, den Sterbeprozess des Betroffenen zu ermöglichen oder ihn nicht aufzuhalten. Ein Beispiel dafür ist das Abschalten einer Herz-Lungen-Maschine. Sowohl die aktive als auch die passive Euthanasie sind Formen der direkten Sterbehilfe. Bei der indirekten Sterbehilfe schließlich wird der möglicherweise vorzeitige Todeseintritt als Nebenfolge einer gezielten Schmerzbekämpfung in Kauf genommen. Ein Beispiel dafür ist die Injektion hoher Dosen von Morphium bei Patienten, die an besonders schmerzhaften Arten von Krebs leiden. Moralisch umstritten ist nur die aktive Sterbehilfe. Deshalb wird sich die folgende Darstellung auf diese Form der Euthanasie konzentrieren.

In der Diskussion werden zwei Arten von Argumenten angeführt: *prinzipielle* und *pragmatische*. Unter prinzipiellen Argumenten verstehe ich solche, bei denen aus bestimmten moralischen Grundsätzen auf die Zulässigkeit oder Unzulässigkeit der Sterbehilfe geschlossen wird. Pragmatische Argumente sind hingegen solche, bei denen die mutmaßlichen Folgen der Erlaubtheit der Sterbehilfe als Grund für oder gegen deren Legalisierung angeführt werden.

Zunächst zu den prinzipiellen Argumenten. Weit verbreitet ist die Annahme, dass menschliches Leben *unantastbar* sei und daher niemals absichtlich beendet werden dürfe. In vielen Fällen beruht diese Annahme auf der religiösen Lehre von der Heiligkeit des Lebens. Wie bereits im vorigen Abschnitt erwähnt wurde, lassen sich jedoch aus religiösen Überzeugungen, die nicht von allen Mitgliedern moderner Gesellschaften geteilt werden, keine allgemein verbindlichen moralischen Verbote ableiten. Sieht man von Glaubensgründen ab, dürfte sich aber kein einsichtiger Grund dafür finden, dass Menschen, nur weil sie Menschen sind, *unter keinen Umständen* getötet werden dürfen.

Selbst die Kirche billigt Tötungen in gerechten Kriegen und aus Notwehr, viele Menschen haben nichts gegen Abtreibungen einzuwenden, und einige halten die Todesstrafe für moralisch gerechtfertigt. Tatsächlich scheint kaum jemand ernsthaft die Auffassung zu vertreten, dass Menschen unter keinen Umständen getötet werden dürfen. Wenn aber das Tötungsverbot nicht uneingeschränkt gilt, sondern berechtigte Ausnahmen zulässt, dann kann das moralische Verbot der Sterbehilfe nicht durch den Verweis auf das Tötungsverbot begründet werden. Zu zeigen wäre stattdessen, dass und warum die Sterbehilfe nicht zu den berechtigten Ausnahmen zählt.

Für die moralische Erlaubtheit der Euthanasie spricht allerdings ein wichtiger moralischer Grundsatz. Es wurde bereits darauf hingewiesen, dass heute das moralische *Recht auf Selbstbestimmung* weitgehend anerkannt ist. Beschränkt werden darf es, wenn andere geschädigt oder zu etwas gezwungen werden und wenn die Abwägung der Interessen und Handlungsfolgen ergibt, dass der Schaden, der anderen zugefügt wird, durch die Ansprüche des Handelnden nicht gerechtfertigt werden kann. Grundsätzlich erstreckt sich das Recht auf Selbstbestimmung auch auf das Lebensende. Sofern kein Arzt genötigt wird, Sterbehilfe zu leisten, liegt kein Zwang vor. Wenn man außerdem davon ausgeht, dass ein Mensch, der im Besitz seiner geistigen Kräfte ist, selbst darüber entscheiden darf, ob er sein Leben fortsetzen möchte oder nicht, dürfte sein Interesse an der Beendigung des Lebens auch nicht durch den berechtigten Wunsch seiner Angehörigen, ihn noch bei sich zu haben, aufgewogen werden, und zwar deshalb nicht, weil sein Interesse an der Beendigung des Lebens bedeutend schwerwiegender ist als der Wunsch *anderer*, dass er ihretwegen weiterleben möge. Es geht um sein Leben, nicht um ihres.

Diese Argumentation für die moralische Erlaubtheit der Sterbehilfe beruht allerdings auf einer fragwürdigen Voraussetzung. In ihr wird unterstellt, dass die Sterbewilligen immer imstande sind, ihre Lebensaussichten realistisch einzuschätzen. Zweifellos können Menschen sich aber in Bezug auf das, was sie in der Zukunft erwartet, irren. Wer für die uneingeschränkte Legalisierung der Sterbehilfe eintritt, der muss daher das Risiko in Kauf nehmen, dass gelegentlich auch der Sterbewunsch derjenigen erfüllt wird, für die es besser wäre, weiterzuleben, weil die Gründe ihres Lebensüberdrusses beseitigt werden könnten.

Wenn es ein moralisches Recht auf Sterbehilfe gibt, sollte es daher auf diejenigen beschränkt sein, die zu dem Zeitpunkt, zu dem sie ihren Wunsch, getötet zu werden, unmissverständlich zum Ausdruck bringen, nach Einschätzung von Spezialisten (insbesondere von Psychologen) fähig sind, ihre Lebensumstände und Zukunftsaussichten realistisch einzuschätzen. – Wie verhält es sich aber mit denjenigen, die einen solchen Wunsch nicht geäußert haben und die dazu auch nicht mehr imstande sind? In diesem Zusammenhang greift man oft auf den rechtswissenschaftlichen Begriff des *mutmaßlichen Willens* zurück. Die Angehörigen des Betroffenen oder andere Personen sollen darüber befinden, was er vernünftigerweise wollen würde, wenn er selbst die Entscheidung fällen könnte.

Der mutmaßliche Wille kann sich in jedem Fall nur darauf beziehen, ob der Betroffene sein Leben selbst noch für lebenswert hielte oder nicht. Es geht nicht darum, ob das Leben des Betroffenen objektiv, das heißt unabhängig von seiner eigenen hypothetischen Einschätzung, wertvoll ist, sondern nur darum, ob er selbst es noch als lebenswert beurteilen würde. Diejenigen, die über den mutmaßlichen Willen zu befinden haben, müssen also versuchen, sich in die Lage des Betroffenen hineinzuversetzen, und an seiner Stelle, ausgehend von seinen Überzeugungen und Wünschen, entscheiden, ob er weiterleben wollen würde oder nicht. Warum ist diese Beschränkung auf die *subjektive* Einschätzung so wichtig?

Erstens ist fragwürdig, ob der Begriff »objektiver Wert des Lebens« überhaupt präzise bestimmt werden kann. Aber selbst wenn dies möglich sein sollte, wäre er für die Beurteilung der Sterbehilfe irrelevant. Der Begriff »Sterbehilfe« ist nämlich so definiert, dass derjenige, der um Sterbehilfe bittet, getötet werden *will*, weil er *selbst* sein Leben für nicht mehr lebenswert hält. Das unterscheidet die Sterbehilfe von der furchtbaren Praxis der Nationalsozialisten, die Menschen *gegen ihren Willen* töten ließen. Dabei beriefen sie sich auf die Unterscheidung zwischen objektiv »lebenswertem und nicht lebenswertem« Leben. Dass sie diese Art des Mordens als »Euthanasie« bezeichneten, bezeugt ihren Zynismus, es spricht aber nicht gegen die Sterbehilfe.

Als vorläufiges Ergebnis kann Folgendes festgehalten werden: Das moralische Recht auf Selbstbestimmung erstreckt sich auch auf das Ende des Lebens. Daraus folgt, dass die aktive Sterbehilfe prima facie moralisch erlaubt ist, sofern bestimmte Voraussetzungen erfüllt sind: 1. Kein Arzt darf genötigt werden, gegen seinen Willen Sterbehilfe zu leisten. 2. Die in Anspruch genommene Sterbehilfe darf nicht mit schwerwiegenden Schädigungen anderer Menschen verbunden sein. 3. Der Sterbewillige muss seinen

Sterbewunsch unmissverständlich und im Zustand geistiger Klarheit geäußert haben. – Einige Autoren halten die Sterbehilfe auch dann für zulässig, wenn ein Mensch den Sterbewunsch nicht mehr selbst äußern kann.[80] Wenn dies der Fall wäre, müsste auch folgende Bedingung gelten: 4. Sofern andere Menschen den mutmaßlichen Willen des Betroffenen bestimmen, müssen sie darüber befinden, ob der Betroffene selbst sein Leben noch für lebenswert hielte oder nicht. Nur wenn sie zu dem Ergebnis kommen, dass der Betroffene seinen Tod selbst wünschen würde, ist die Sterbehilfe zulässig.

Sind diese Bedingungen erfüllt, spricht also *prinzipiell* nichts gegen die moralische Erlaubtheit der Sterbehilfe. Es lassen sich aber mehrere *pragmatische* Gründe gegen sie anführen. Zum einen bestünde die *Gefahr des Missbrauchs*. Beispielsweise könnten Ärzte, die als Erben des Betroffenen eingesetzt worden sind oder auf andere Weise von seinem Tod profitieren würden, einen Menschen gegen dessen Willen töten und diesen Mord als Sterbehilfe deklarieren. Dieser Gefahr könnte durch entsprechende rechtliche Regelungen leicht vorgebeugt werden. So muss etwa in den Niederlanden, die als erster Staat die aktive Sterbehilfe legalisiert haben, neben dem Arzt, der die Sterbehilfe vornimmt, ein weiterer unabhängiger Arzt dem Antrag auf Sterbehilfe zugestimmt haben. Außerdem kontrollieren Kommissionen, ob die rechtlichen Auflagen für die Erteilung der Sterbehilfe erfüllt worden sind.

Zum anderen besteht die Gefahr, dass im Falle der Legalisierung der Euthanasie Menschen, die nicht mehr zurechnungsfähig sind, getötet werden könnten, obwohl sie diesen Wunsch nicht geäußert haben. Wohlmeinende Ärzte oder Angehörige könnten auf *paternalistische* Weise über das Lebensende eines Menschen entscheiden, weil sie der Meinung wären, dass es für ihn besser wäre, zu sterben.[81] Dies könnte nur dadurch verhindert werden, dass die Legalisierung der Sterbehilfe auf die Fälle beschränkt würde, in denen der Betroffene im Zustand geistiger Klarheit unmissverständlich zum Ausdruck gebracht hat, dass er getötet werden will. Tötungen ohne ausdrückliche Zustimmung des Betroffenen müssten hingegen weiterhin strafbar bleiben. Damit entfielen übrigens auch die Schwierigkeiten, die mit der Ermittlung des mutmaßlichen Willens des Patienten verbunden sind.

Weil nur der Betroffene selbst darüber entscheiden darf, ob er weiterleben will oder nicht, ist meines Erachtens nur die sogenannte *freiwillige* Sterbehilfe moralisch zulässig, nicht aber die *nicht freiwillige* Euthanasie. Von nicht freiwilliger Sterbehilfe spricht man, wenn der Patient keinen Sterbewunsch geäußert hat, wenn er aufgrund seines Zustands nicht mehr befragt werden kann und die entscheidenden Personen der Meinung sind, dass er sterben wollen würde. Einige Autoren verwenden neben den Begriffen »freiwillige Sterbehilfe« und »nicht freiwillige Sterbehilfe« auch noch den Begriff der *unfreiwilligen* Sterbehilfe, um eine dritte Art der Euthanasie zu bezeichnen. Um unfreiwillige Sterbehilfe handelt es sich dabei angeblich, wenn der Betroffene ausdrücklich die Euthanasie abgelehnt hat. Dieser Begriff ist jedoch ganz irreführend. Die sogenannte »unfreiwillige Sterbehilfe« ist keine Hilfe beim Sterben, sondern ein Mord, der ohnehin moralisch wie rechtlich verboten ist. Aber auch die nicht freiwillige Sterbehilfe dürfte moralisch unzulässig sein. Die Vermutung anderer, dass ein Mensch, der sich nicht mehr äußern kann, sterben wollen würde, kann die Sterbehilfe moralisch nicht rechtfertigen. Wichtig ist in diesem Zusammenhang, dass die Grenze zwischen freiwilliger Euthanasie und nicht freiwilliger Euthanasie nicht fließend, sondern klar ist. Diese Tatsache wird in der Auseinandersetzung mit dem Dammbruchargument eine wichtige Rolle spielen.

Ein weiterer pragmatischer Einwand gegen die Legalisierung der Sterbehilfe beruht auf einem Missverständnis. Gelegentlich wird behauptet, dass der Staat Ärzte oder andere Menschen dazu zwingen müsste, Sterbehilfe zu leisten, wenn diese legalisiert würde, weil das geforderte moralische Recht einen Rechtsanspruch beinhalte. So schreibt zum Beispiel Thomas Fuchs den Befürwortern der Euthanasie folgende Auffassung zu: »Gemeint ist […] mit dem ›Recht auf den Tod‹ in der Diskussion eigentlich etwas anderes: das Recht, von einem anderen *getötet zu werden.* Das negative Recht soll also in ein positives Recht umgewandelt werden, das mir einen Anspruch auf ein bestimmtes Handeln der anderen, nämlich auf die aktive Tötung verschafft.«[82] Dass Fuchs an dieser Stelle keine Namen nennt und keine Quelle angibt, hat einen einfachen Grund: Soweit mir bekannt ist, vertritt kein ernst zu nehmender Befürworter der Sterbehilfe die Auffassung, dass es einen Rechtsanspruch auf Sterbehilfe geben sollte. Im Gegenteil, gerade die Autoren, die sich für die rechtliche Zulassung der Euthanasie einsetzen, unterscheiden scharf zwischen *Abwehrrechten* und *Anspruchsrechten.* Sie fordern, dass es Ärzten rechtlich *erlaubt* sein soll, Sterbehilfe zu leisten, weil die Freiheit sowohl des Sterbewilligen als auch des Arztes gesichert werden soll (Abwehrrecht). Sie setzen sich also für die Straffreiheit der Euthanasie ein. Keineswegs fordern sie aber, dass Sterbewillige einen Rechtsanspruch auf Euthanasie gegenüber dem Staat haben sollen. Deshalb müsste und dürfte der Staat, wenn die Sterbehilfe legalisiert würde, keinen Arzt dazu zwingen, einen Patienten auf dessen Wunsch hin zu töten.[83]

Das einflussreichste pragmatische Argument gegen die Legalisierung der aktiven Sterbehilfe ist das *Dammbruchargument*, das auch als Argument der schiefen Ebene bezeichnet wird. In seiner einfachsten Form lautet es wie folgt:

(P1) Wenn eine Handlungsweise A, zum Beispiel die freiwillige aktive Sterbehilfe, legalisiert wird, dann wird das früher oder später dazu führen, dass eine andere Handlungsweise B, zum Beispiel der als nicht freiwillige Sterbehilfe verschleierte Mord, legalisiert werden wird.

(P2) Weil B moralisch verboten ist, sollte B nicht rechtlich erlaubt sein.

(K) Deshalb soll auch A nicht legalisiert werden.

Problematisch ist an diesem Argument offenbar die erste Voraussetzung, weil sie auf Mutmaßungen darüber beruht, welche Folgen die Legalisierung der freiwilligen Sterbehilfe hätte. Die Gefahr des Dammbruchs besteht ja nur dann, wenn es sehr wahrscheinlich ist, dass die Legalisierung von A zu der von B führen wird. Wie kann man wissen, dass dieser Kausalzusammenhang besteht? Nun, diejenigen, die das Argument der schiefen Ebene anführen, scheinen keine Zweifel daran zu haben. Robert Spaemann (geb. 1927) schreibt etwa: »Im übrigen ist die Tötung auf Verlangen nur die Einstiegsdroge für die Enttabuisierung der Tötung ›lebensunwerten Lebens‹ – auch ohne Zustimmung.«[84] Wie das Beispiel der Niederlande zeige, handle es sich dabei »nicht um ein historisch zufälliges Zusammentreffen, sondern um einen gesetzmäßigen Zusammenhang«[85].

Darauf ist erstens zu erwidern, dass bekanntlich aus einem einzigen Beispiel nicht auf einen gesetzmäßigen Zusammenhang geschlossen werden kann. Zweitens können diejenigen, die sich für die Legalisierung der freiwilligen, aber gegen die Legalisierung der nicht freiwilligen Sterbehilfe einsetzen, antworten, dass die Zulässigkeit der verschiedenen Arten der Euthanasie auf ganz verschiedene Weise begründet wird. Für die Erlaubtheit der *freiwilligen* Sterbehilfe spricht das moralische Recht auf Selbstbestimmung. Die Zulässigkeit der *nicht freiwilligen* Euthanasie soll hingegen nicht mit Rekurs auf die Selbstbestimmung, sondern auf paternalistische Weise durch Rückgriff auf den mutmaßlichen Willen des Betroffenen begründet werden. Deshalb ist es wenig plausibel, dass aus der Legalisierung der freiwilligen Sterbehilfe diejenige der Tötung »lebensunwerten Lebens« ohne die Einwilligung der Betroffenen folgen sollte. Ein Implikationsverhältnis besteht hier zweifellos nicht. Mir scheint daher, dass die Gefahr des Dammbruchs dadurch gebannt werden könnte, dass nur die freiwillige Sterbehilfe legalisiert würde.

Der letzte und gravierendste pragmatische Einwand gegen die Zulassung der aktiven Sterbehilfe lautet, dass sie dazu führen könnte, dass immer mehr alte und kranke Menschen von ihren Angehörigen oder anderen Menschen so unter Druck gesetzt werden könnten, dass sie um Sterbehilfe bäten, obwohl sie diese gar nicht wollten. Der frühere Bundespräsident Johannes Rau hat diese Befürchtung in einer Rede im Mai 2001 so zum Ausdruck gebracht: »Wo das Weiterleben nur eine von zwei legalen Optionen ist, wird jeder rechenschaftspflichtig, der anderen die Last seines Weiterlebens aufbürdet.«[86] Die Gefahr besteht also darin, dass sich die Last der Rechtfertigung verschieben könnte. Nicht mehr diejenigen, die sterben wollen, müssten sich rechtfertigen, sondern die kranken Menschen, die weiterleben wollen. Wenn man bedenkt, dass im Gesundheitswesen die finanziellen Mittel knapp sind und dass die Pflege eines kranken oder alten Menschen für dessen Angehörige eine erhebliche Belastung darstellen kann (zum Beispiel finanzieller Art), dann wird deutlich, dass dieses Bedenken sehr ernst genommen werden muss.

Selbst wenn die freiwillige aktive Sterbehilfe moralisch grundsätzlich erlaubt sein sollte, sollte man sie daher nicht leichtfertig legalisieren. Allerdings besteht inzwischen die Möglichkeit, Schlüsse aus der Entwicklung in den Staaten zu ziehen, welche die aktive Sterbehilfe bereits freigegeben haben: Dies sind die Niederlande, Belgien, die Schweiz und Luxemburg. Sollte sich herausstellen, dass dort die Legalisierung der freiwilligen aktiven Euthanasie nicht zu einem Anstieg der Zahl der Sterbehilfefälle geführt hat, dann spräche dies dafür, dass die mit ihr verbundenen Gefahren kleiner sind, als hierzulande viele befürchten.

Demjenigen, der in Deutschland oder einem anderen Mitgliedsstaat der Europäischen Union lebt, mag es selbstverständlich erscheinen, dass die Todesstrafe moralisch unzulässig ist. Sie ist aber noch immer in vielen Staaten der Welt vorgesehen, und in einigen von ihnen wird sie auch noch verhängt, so etwa in den USA, China, Japan, Saudi-Arabien und dem Iran. Es scheint sich also nicht für alle von selbst zu verstehen, dass ein Verbrecher nicht mit dem Tod bestraft werden darf. Besonders aufschlussreich ist in diesem Zusammenhang das Beispiel der Vereinigten Staaten von Amerika, weil es sich bei ihnen um einen demokratischen Verfassungsstaat handelt. Dort hatte der Oberste Gerichtshof 1972 entschieden, dass die Todesstrafe nicht mit der Verfassung vereinbar sei. Vier Jahre später hob er dieses Urteil jedoch auf. In der Folgezeit haben etliche Bundesstaaten die Todesstrafe wieder eingeführt. Es ist daher kaum verwunderlich, dass die gegenwärtige philosophische Debatte über den moralischen Status der Todesstrafe in den USA besonders intensiv geführt wird.

Auch historisch betrachtet, war die Überzeugung, dass niemand hingerichtet werden dürfe, auch nicht wegen eines schweren Verbrechens, keineswegs die Regel. Im Gegenteil: Seit der Antike haben zahlreiche bedeutende Philosophen die Auffassung vertreten, dass die Todesstrafe nicht nur moralisch zulässig, sondern sogar moralisch *geboten* sei. Zu ihnen zählen Platon, Hobbes, Locke, Rousseau, Kant, Hegel und Schopenhauer – um nur die wichtigsten zu erwähnen. Noch in der zweiten Hälfte des

19. Jahrhunderts setzte sich der Utilitarist John Stuart Mill, ein einflussreicher Vertreter des politischen Liberalismus, für die Beibehaltung der Todesstrafe ein. Erst seit dem 18. Jahrhundert, dem Zeitalter der Aufklärung, wurden Stimmen laut, die die moralische Zulässigkeit der Todesstrafe infrage stellten. Zu nennen sind hier insbesondere der italienische Rechtsgelehrte Cesare de Beccaria (1738–1794) sowie die Philosophen Voltaire (1694–1778), Johann Gottlieb Fichte (1762–1814) und später Albert Camus (1913–1960).

Wie man die Todesstrafe moralisch beurteilt, hängt unter anderem davon ab, welchen Zweck man dem staatlichen Strafen überhaupt zuschreibt. Als Strafzwecke kommen infrage: erstens die Abschreckung von potenziellen Verbrechern mit dem Ziel, die Bürger zu schützen (Prävention), zweitens der Schutz der Bevölkerung vor Menschen, die bereits eine Straftat begangen haben und möglicherweise weitere Verbrechen verüben könnten, drittens die Vergeltung und viertens die Besserung oder Resozialisierung des Straftäters. Diese verschiedenen Strafzwecke schließen einander nicht in jedem Fall aus. Man kann beispielsweise der Meinung sein, dass die Strafe sowohl der Abschreckung potenzieller Täter als auch dem Schutz der Bürgerinnen und Bürger vor Straffälligen dient. Schwer vereinbar dürften aber die Vergeltung und die Läuterung sein. Wer die Vergeltungsthese vertritt, der wird fordern, dass dem Täter Leid zugefügt wird; wer vom Strafzweck der moralischen Besserung ausgeht, der wird sich hingegen für die Erziehung der Verbrecher einsetzen. Wenn man dem Strafen mehrere Zwecke zuschreibt, wird man wahrscheinlich nicht umhinkönnen, die verschiedenen Funktionen in eine Rangordnung zu bringen. Sollte beispielsweise die Vergeltung den Vorrang vor dem Schutz der Bürger haben oder umgekehrt?

Welche Schlussfolgerungen ergeben sich aus der Entscheidung für eine bestimmte Funktion des Strafens? Wenden wir uns zunächst der Berufung auf die *abschreckende Wirkung* der Todesstrafe zu. Sie hat in der Geschichte der Philosophie und der Rechtswissenschaft eine wichtige Rolle gespielt. Die empirischen Untersuchungen ihrer Effekte haben jedoch zu widersprüchlichen oder wenig aussagekräftigen Ergebnissen geführt. Inzwischen räumen selbst Befürworter der Todesstrafe ein, dass es keine hinreichenden empirischen Belege für deren abschreckende Wirkung gibt. Deshalb spielt das Argument der Abschreckung in der gegenwärtigen Diskussion nur noch eine untergeordnete Rolle.

Anders verhält es sich, wenn man davon ausgeht, dass die Strafe der *sittlichen Besserung* des Täters dient. In diesem Fall wird man die Todesstrafe offensichtlich ablehnen, weil sie verhindert, dass die Strafe ihren Zweck erreicht. Tote können nicht mehr erzogen werden. Allerdings vertreten nur sehr wenige Autoren die Auffassung, dass die Strafe ausschließlich der Besserung der Verbrecher dient. Sobald man aber einräumt, dass die moralische Erziehung oder die Resozialisierung der Täter nicht der einzige Strafzweck ist, wird man Prioritäten festlegen müssen. So plausibel es nun ist, dass die Strafe einen Menschen nicht schlechter machen soll, als er ohnehin schon ist, sondern dass sie ihn auch bessern soll, so unplausibel ist es, dass der Besserung des Täters der Vorrang vor anderen Strafzwecken, wie dem Schutz unschuldiger Bürger, zukommen sollte. Wenn dies der Fall wäre, würde die »Strafe« ihren Namen nicht verdienen. – Die Berufung auf die Abschreckung ist also ungerechtfertigt, und der Verweis darauf, dass die Strafe auch zur Erziehung der Verbrecher beitragen soll, ist deshalb nicht überzeugend, weil die Strafe laut Definition dem Täter ein Übel zufügen soll.

Insofern geht es also vorrangig um die anderen beiden Strafzwecke. Offensichtlich lässt sich die Notwendigkeit der Todesstrafe nicht rechtfertigen, wenn man davon ausgeht, dass die Strafe nur oder in erster Linie dem *Schutz* der Bevölkerung dient. Um unschuldige Bürger vor Straftätern zu schützen, muss man diese nicht töten. Eine Freiheitsstrafe, die unter Umständen auch lebenslänglich dauern kann, erfüllt diesen Zweck ebenso gut. Unter der Voraussetzung, dass die wesentliche Funktion des Strafens der Schutz vor Straffälligen ist, ist die Todesstrafe nicht notwendig. Darüber hinaus ist sie sogar ungerechtfertigt, weil sie dem Täter ein größeres Übel zufügt, als für den Schutz der Bürger nötig wäre. Die Berufung auf den Strafzweck des Schutzes führt also zu einem eindeutigen Ergebnis.

Es ist aber umstritten, ob der Schutz der einzige Strafzweck ist und ob ihm, falls er es nicht sein sollte, der Vorrang vor den anderen Funktionen einzuräumen ist. Eine bis in die Gegenwart weit verbreitete Auffassung besagt vielmehr, dass die Strafe vor allem dazu dienen soll, die Tat zu *vergelten*. Dabei sollte gemäß dem biblischen Spruch »Auge um Auge, Zahn um Zahn« der Grundsatz der Gleichwertigkeit zur Anwendung kommen. Immanuel Kant bringt diesen Gedanken in einer bekannten Passage so zum Ausdruck:

> »Welche Art und welcher Grad der Bestrafung ist es, welche die öffentliche Gerechtigkeit sich zum Prinzip und Richtmaße macht? Kein anderes, als das Prinzip der Gleichheit […], sich nicht mehr auf die eine, als auf die andere Seite hinzuneigen. Also: was für unverschuldetes Übel du einem anderen im Volke zufügst, das tust du dir selbst an. Beschimpfst du ihn, so beschimpfst du dich selbst; bestiehlst du ihn, so bestiehlst du dich selbst; schlägst du ihn, so schlägst du dich selbst; tötest du ihn, so tötest du dich selbst. Nur das Wiedervergeltungsrecht (*ius talionis*) aber, wohl zu verstehen, vor den Schranken des Gerichts (nicht in deinem Privaturteil) kann die Qualität und Quantität der Strafe bestimmt angeben […].«[87]

Auf Mörder bezogen, folgt daraus: »Hat er aber gemordet, so muß er sterben. Es gibt hier kein Surrogat zur Befriedigung der Gerechtigkeit.«[88]

Der amerikanische Philosoph Stephen Nathanson hat in detaillierten Analysen nachgewiesen, dass der Grundsatz der Wiedervergeltung, auf den sich Kant beruft, in unauflösbare Schwierigkeiten führt.[89] Wenn man ihn wörtlich versteht, ist er mit zwei Problemen verbunden. Erstens folgt aus ihm, dass Verbrechen mit Verbrechen vergolten werden müssen. Vergewaltiger müssten vergewaltigt werden, Folterer gefoltert; wer einen anderen körperlich verletzt hat, der müsste selbst auf die gleiche Weise verletzt werden usw. Dies widerspricht der Voraussetzung, dass staatliche Strafen moralisch zulässig sein müssen. Außerdem müsste der Staat in diesem Fall einige seiner Beamten dazu verpflichten, in seinem Auftrag verabscheuungswürdige Taten zu begehen, beispielsweise Straftäter zu foltern oder sexuell zu missbrauchen. Zweitens gibt es Verbrechen, für die es auf der Seite der Strafe keine Entsprechung gibt. Wie soll ein Mensch bestraft werden, der Steuern hinterzogen hat; wie derjenige, der ein öffentliches Gebäude in Brand gesetzt hat? Der Grundsatz der Wiedervergeltung ist hier nicht anwendbar.

Diese Einwände lassen sich umgehen, wenn man das Prinzip der Vergeltung nicht wörtlich, sondern als Grundsatz der *Proportionalität* zwischen Verbrechen und Strafe auffasst. In diesem Fall besagt es Folgendes: Die Strafe soll in einem angemessenen Verhältnis zur Schwere des Verbrechen stehen. Je schwerer das Verbrechen ist, desto härter soll die Strafe ausfallen. Vorausgesetzt wird dabei, dass sich sowohl die Straftaten als auch die Strafen jeweils auf einer endlichen Skala eintragen lassen, die von einem Minimum bis zu einem Maximum reicht. Der geringfügigsten Straftat soll die mildeste Strafe entsprechen, dem schlimmsten Verbrechen die härteste Strafe.

Lässt sich die Zulässigkeit oder gar die Notwendigkeit der Todesstrafe begründen, wenn man das so interpretierte Prinzip der Vergeltung zugrunde legt? Zweifellos nicht. Aus dem Grundsatz der Proportionalität folgt nur, dass auf das schwerste Verbrechen die schwerste Strafe stehen soll. Nehmen wir an, dass Mord das schlimmste denkbare Verbrechen ist. In diesem Fall müsste über Mörder die härteste Strafe verhängt werden. Welche Strafart in einem Rechtssystem die schwerste sein soll, lässt sich aber aus dem Prinzip der Angemessenheit nicht ableiten.[90] Dies hängt allein von der Entscheidung des Gesetzgebers ab, die von Fall zu Fall verschieden ausfallen kann.

Wenn in einem Staat lebenslängliche Haft die maximale Strafe ist, dann müssen Mörder zu einer lebenslänglichen Haftstrafe verurteilt werden; wenn in einem anderen Staat fünfzehnjährige Zwangsarbeit die Höchststrafe darstellt, dann kommt Mördern diese Strafe zu. Der Grundsatz der Proportionalität lässt also offen, wie das schwerste Verbrechen bestraft werden soll. Demnach lässt sich aus dem Prinzip der Vergeltung, wenn man es im Sinne der Angemessenheit zwischen Straftat und Strafe versteht, nicht auf die Zulässigkeit oder Notwendigkeit der Todesstrafe schließen. Für sich allein genommen, spricht der Grundsatz der proportionalen Wiedervergeltung weder für noch gegen die Todesstrafe.

Für die moralische Beurteilung ist nicht nur die Annahme bestimmter Strafzwecke von Belang. Darüber hinaus scheint sie auch davon abzuhängen, welche moralischen Grundsätze man als Maßstab des Rechtssystems anlegt. Eine wichtige Rolle spielt in diesem Zusammenhang der Grundsatz der *Menschenwürde*, der eng mit der Idee der Unverfügbarkeit menschlichen Lebens zusammenhängt. In Deutschland ist der Gedanke, dass jeder Mensch eine Würde hat, die unter keinen Umständen verletzt werden darf, bekanntlich in Artikel 1 des Grundgesetzes festgeschrieben. Diese Formel wird gewöhnlich im Anschluss an Kants Ethik so gedeutet, dass ein Mensch niemals nur als Mittel, mithin niemals nur wie eine Sache behandelt werden darf. Dies bringt die in der Rechtswissenschaft geläufige »Objektformel« zum Ausdruck. Nun ist aber die Annahme, dass einige Lebewesen eine besondere Würde haben, nur weil sie einer bestimmten biologischen Art angehören, nicht ohne Weiteres plausibel. Welche spezifisch menschliche Eigenschaft begründet die Würde des Menschen? Eine geläufige Antwort auf diese Frage lautet, dass Menschen als vernünftige oder zumindest potenziell vernünftige Wesen (wie Säuglinge) einen *absoluten Wert* haben.

Nehmen wir einmal an, dass jedem Menschen, nur weil er ein Mensch ist, tatsächlich ein absoluter Wert zukommt. Was folgt daraus für die moralische Beurteilung der Todesstrafe? Das hängt davon ab, was man unter einem »absoluten Wert« versteht. Eine geläufige Auffassung, die sich unter anderem bei Immanuel Kant findet, besagt, dass vernünftige Wesen einen *unendlichen* Wert haben. (Wie bereits dargelegt, spricht dies nach Kant allerdings nicht gegen die Todesstrafe.) Das Leben von Wesen, deren Dasein einen unendlichen Wert hat, kann niemals in eine Güterabwägung mit Dingen, denen nur ein endlicher Wert zukommt, einbezogen werden. Das Leben eines Menschen kann nur durch das Leben eines anderen Menschen, das ebenfalls unendlich wertvoll ist, aufgewogen werden. Aus dieser Feststellung lässt sich ein Argument für die Berechtigung der Todesstrafe ableiten, wenn man davon ausgeht, dass der Zweck des Strafens darin besteht, die Tat zu vergelten. Die Vernichtung des unendlich wertvollen Lebens des Opfers kann nur dadurch gesühnt werden, dass das unendlich wertvolle Leben des Täters ebenfalls vernichtet wird.

Wenn man hingegen nicht die Vergeltung, sondern einen anderen Strafzweck zugrunde legt, dann scheint aus der Annahme, dass menschliches Leben einen absoluten Wert hat, zu folgen, dass die Todesstrafe niemals gerechtfertigt werden kann. Robert Holyer hat aber darauf hingewiesen, dass mindestens zwei Arten der Tötung als moralisch erlaubt gelten: die Tötung aus Notwehr und Tötungen in einem gerechten Krieg. Daraus folgt, dass wir in unserer moralischen Praxis *nicht* von dem Grundsatz ausgehen, dass menschliches Leben unendlich wertvoll ist.[91] Deshalb darf die Annahme des absoluten Werts des menschlichen Lebens auch nicht herangezogen werden, um die Todesstrafe zu kritisieren oder zu rechtfertigen. Dies würde zu einem offensichtlichen Widerspruch führen. Aus diesen Überlegungen lässt sich folgender Schluss ziehen: Wenn man die Annahme der Würde des Menschen so versteht, dass jeder Mensch, nur weil er ein Mensch ist, einen unendlichen Wert hat, dann widerspricht sie zwei grundlegenden moralischen Überzeugungen, die wohl niemand infrage stellen wird: Es ist moralisch erlaubt, einen Angreifer aus Notwehr zu töten, und es ist ebenso moralisch erlaubt, Soldaten, die einen ungerechten Krieg führen, zu töten. Ein absolutes Tötungsverbot, das sich auch auf die Todesstrafe bezöge, kann daher nicht akzeptiert werden.

Neben den bisher erörterten prinzipiellen Argumenten lassen sich zwei *pragmatische Einwände* gegen die Berechtigung der Todesstrafe vorbringen. Erstens wird manchmal behauptet, die Todesstrafe sei grausam. Zweitens verweist man darauf, dass die Gefahr des Justizirrtums im Fall der unumkehrbaren Todesstrafe verheerende Folgen haben kann. Was ist von diesen beiden Einwänden zu halten? – Der Behauptung, dass der Vollzug der Todesstrafe notwendigerweise besonders grausam ist, wird man kaum zustimmen können. Es gibt zweifellos andere Arten der Strafe, die grausamer sind, beispielsweise Folter, Isolationshaft oder

Zwangsarbeit. Darauf hat bereits Beccaria, der erste prominente Kritiker der Todesstrafe, hingewiesen.[92] Wenn das Ziel der Strafe darin bestünde, den Täter möglichst grausam zu behandeln, dann wäre die Todesstrafe dafür kein geeignetes Mittel. Zumindest ist es möglich, einen Verbrecher so hinrichten zu lassen, dass ihm verhältnismäßig wenig Schmerz zugefügt wird. Der Verweis auf die angebliche Grausamkeit der Todesstrafe vermag daher nicht zu überzeugen.

Anders verhält es sich mit dem zweiten Einwand. Darf man eine Strafe verhängen, die nicht rückgängig gemacht werden kann und für die man dem Bestraften auch keine Kompensation anbieten kann, obwohl das Risiko des Justizirrtums niemals gänzlich ausgeräumt werden kann? Albert Camus hat diese Frage auf eindrucksvolle Weise beantwortet:

> »Kann man uns mit Bestimmtheit sagen, daß keiner der Hingerichteten für die Gesellschaft zu retten gewesen wäre? Kann man auch nur schwören, daß keiner unschuldig ist? […] Wenn die Justiz weiß, daß sie unvollkommen ist, wäre es dann nicht angezeigt, daß sie Bescheidenheit übt und ihren Urteilssprüchen genug Spielraum läßt, damit ein allfälliger Irrtum gutgemacht werden kann? Sollte sie diese Schwäche, in der sie für sich selbst einen dauernd gültigen mildernden Umstand erblickt, nicht auch immer dem Verbrecher zugestehen? Kann ein Gericht tatsächlich sagen: ›Wenn ich Sie irrtümlicherweise in den Tod schicke, so wollen Sie mir bitte in Anbetracht der unser aller Natur innewohnenden Schwäche verzeihen. Ich aber verurteile Sie oh-

> ne Rücksicht auf diese Schwäche und diese Natur zum Tode‹? Im Irrtum und in der Verblendung sind alle Menschen solidarisch. Darf diese Gemeinschaft dem Gericht zugute kommen, nicht aber dem Angeklagten? Nein.«[93]

Zwar können auch andere Strafen bleibende Schäden hinterlassen. Beispielsweise kann eine Haftstrafe dazu führen, dass ein unschuldig Verurteilter unter schweren seelischen Problemen leidet. Für derartige Folgen können die unschuldig Verurteilten aber zumindest teilweise entschädigt werden, indem man sie öffentlich rehabilitiert oder ihnen eine finanzielle Entschädigung zahlt. Im Fall der Todesstrafe scheiden hingegen alle diese Möglichkeiten aus. Der Tod ist unwiderruflich, und wenn ein Unschuldiger hingerichtet worden ist, dann kann diese ungerechtfertigte Bestrafung nicht einmal teilweise wiedergutgemacht werden.

Freilich gibt es auch Fälle, in denen die Beweislast so erdrückend ist, dass alle Zweifel an der Schuld der Angeklagten ausgeschlossen werden können. Ein Beispiel dafür ist der Nürnberger Prozess gegen die Hauptkriegsverbrecher im Zweiten Weltkrieg, in dem zwölf der vierundzwanzig Angeklagten zum Tod verurteilt wurden. Man muss allerdings beachten, dass, wenn die Todesstrafe einmal als Höchststrafe eingeführt wäre, ihre Anwendung nur schwer auf Verbrechen gegen die Menschlichkeit begrenzt werden könnte. Die Neigung, auch Mörder und Sexualstraftäter mit dem Tod zu bestrafen, dürfte groß sein. Bei dieser Art von Verbrechen lässt sich die Gefahr, dass ein Unschuldiger verurteilt wird, aber selten vollständig ausräumen. Deshalb spricht der Verweis auf die Gefahr des Justizirrtums alles in allem gegen die Berechtigung der Todesstrafe.

Zusammengefasst heißt das: Die Todesstrafe lässt sich nicht unabhängig davon beurteilen, welche Zwecke man den staatlichen Strafen überhaupt zuschreibt. Wenn man den Schutz der Bevölkerung als einzigen oder vorrangigen Strafzweck zugrunde legt, ist die Todesstrafe ungerechtfertigt. Der Strafzweck der Vergeltung genügt, für sich allein genommen, nicht, um die moralische Berechtigung der Todesstrafe zu begründen. Nur wenn man den Zweck der Wiedervergeltung mit der Annahme verbindet, dass jedes menschliche Leben einen unendlichen Wert hat, ergibt sich die Notwendigkeit der Todesstrafe für Mörder, weil in diesem Fall der Verlust des unendlich wertvollen Lebens des Opfers nur durch die Beendigung des gleichfalls unendlich wertvollen Lebens des Täters wiedergutgemacht werden kann.

Außerdem hat sich ergeben, dass sich die Unzulässigkeit der Todesstrafe nicht durch den Verweis auf das angeblich ausnahmslose Tötungsverbot begründen lässt, weil mindestens zwei Arten der Tötung allgemein als moralisch erlaubt gelten: die Tötung aus Notwehr und Tötungen in gerechten Kriegen. Somit ergeben sich aus den prinzipiellen Überlegungen folgende Resultate: 1. Die allgemein anerkannten moralischen Prinzipien sprechen weder für noch gegen die Zulässigkeit der Todesstrafe. 2. Da das moralische Tötungsverbot gerechtfertigte Ausnahmen zulässt, lässt sich die Unzulässigkeit der Todesstrafe nicht durch den Verweis auf ein vorgeblich absolutes Tötungsverbot begründen. 3. Gegen die Annahme, dass der Vollzug der Todesstrafe zu den gerechtfertigten Ausnahmen vom Tötungsverbot zählt, sprechen zwei Gründe: Im Hinblick auf den Schutz der Bevölkerung vor Straftätern ist die Todesstrafe nicht notwendig. Aufgrund der Gefahr des Justizirrtums kann nicht ausgeschlossen werden, dass unschuldige Menschen hingerichtet werden. Diesen Menschen würde ein Unrecht zugefügt, das sich nicht wiedergutmachen ließe.

Schluss

Mit der vorliegenden Darstellung der Philosophie des Todes habe ich vor allem drei Ziele verfolgt. Erstens ging es mir darum, die Leserinnen und Leser mit den wichtigsten Problemen, Thesen und Argumenten innerhalb der philosophischen Thanatologie vertraut zu machen. Zweitens sollte deutlich werden, dass es *die* Philosophie des Todes im Sinne eines anerkannten Bestands an Lehrmeinungen nicht gibt. Man kann ein beliebiges Thema herausgreifen, stets wird man feststellen, dass sich verschiedene Positionen gegenüberstehen. Dabei liegt es nicht in jedem Fall auf der Hand, welche Auffassung die richtige ist, weil beide Seiten gute Gründe für ihre These anführen können. Schließlich wollte ich zeigen, dass für manche der Probleme, die hier behandelt wurden, bisher keine völlig befriedigenden Lösungen gefunden werden konnten. Das gilt etwa für die Frage, ob und wie sich moralische Pflichten gegenüber Leichnamen und Verstorbenen begründen lassen. Wie alle anderen Teildisziplinen der Philosophie auch, so umfasst die Philosophie des Todes einerseits die aus der Tradition geläufigen Fragestellungen und Argumente, andererseits stellt sie ein offenes Forschungsfeld dar, in dem es auch in Zukunft noch viel zu tun geben wird. Wenn es mir gelungen sein sollte, nicht nur in die philosophische Thanatologie einzuführen, sondern zugleich einen Eindruck davon zu vermitteln, wie sich philosophische Auseinandersetzungen gestalten können, dann würde mich dies sehr freuen.

Anmerkungen

1 Vgl. Max Scheler, »Tod und Fortleben«, in: M. S., *Schriften aus dem Nachlaß*, Bd. 1: *Zur Ethik und Erkenntnislehre*, 2., durchges. und erw. Aufl., Bern 1957, S. 9–52, hier: S. 16.

2 Vgl. Joachim Wittkowski, *Psychologie des Todes*, Darmstadt 1990, S. 43–75.

3 »Der endgültige Ausfall der gesamten Hirnfunktion (›Hirntod‹) als sicheres Todeszeichen. Stellungnahme des Wissenschaftlichen Beirates der Bundesärztekammer«, *Deutsches Ärzteblatt* 90, Heft 44, 1993, S. B-2177–B-2179, hier: S. B-2177.

4 Vgl. z. B. Hans Jürg Braun, *Das Leben nach dem Tod. Jenseitsvorstellungen der Menschheit*, Frechen 1996; Dietrich Steinwede / Dietmar Först (Hrsg.), *Die Jenseitsmythen der Menschheit*, Düsseldorf 2005; Bertram Stubenrauch, *Was kommt danach? Himmel, Hölle, Nirwana oder gar nichts?*, Düsseldorf 2007.

5 Der vollständige Titel des Gesetzes lautet »Gesetz über die Spende, Entnahme und Übertragung von Organen und Geweben«. Vgl. Bundesgesetzblatt (BGBl.) I, S. 2631.

6 Vgl. Hans Jonas, »Gehirntod und menschliche Organbank: Zur pragmatischen Umdefinierung des Todes«, in: H. J., *Technik, Medizin und Ethik. Zur Praxis des Prinzips Verantwortung*, Frankfurt a. M. 1985, S. 219–241.

7 Vgl. ebd., S. 227.

8 Dieter Birnbacher, »Einige Gründe, das Hirntodkriterium zu akzeptieren«, in: J. Hoff / J. in der Schmitten (Hrsg.), *Wann ist der Mensch tot? Organverpflanzung und »Hirntod«-Kriterium*, erw. Ausg., Reinbek bei Hamburg 1995, S. 28–40, hier: S. 34.

9 Hans Jonas, »Gehirntod und menschliche Organbank«, in: H. J., *Technik, Medizin und Ethik*, S. 228.

10 Vgl. dazu Ralf Stoecker, *Der Hirntod. Ein medizinethisches Problem und seine moralphilosophische Transformation*, Freiburg/München 1999, S. 334–336.

11 Platon, *Phaidon*, Stuttgart 1987, S. 13 (9c); vgl. auch S. 18 (12d). Die in Klammern gesetzten Zahlen beziehen sich auf die Seiten der

Stephanus-Ausgabe, deren Paginierung in nahezu allen Ausgaben angegeben wird.

12 Vgl. ebd., S. 22–24 (70c–72d).

13 Ebd., S. 25 (72a).

14 Weil schon der erste Teil des Arguments scheitert, ist es nicht nötig, auf den zweiten Schritt einzugehen, in dem gezeigt werden soll, dass alle Veränderungen in der Welt zum Erliegen kommen müssten, wenn sich der Übergang zwischen den Gegensätzen nur in einer Richtung vollzöge, zum Beispiel vom Lebenden zum Toten.

15 Vgl. Platon, *Phaidon*, S. 26–33 (72e–77a).

16 Ebd., S. 32 (76c).

17 Vgl. ebd., S. 35–44 (78b–84b).

18 Vgl. Platon, »Politeia«, in: P., *Sämtliche Werke*, griech./dt., Bd. V, Frankfurt a. M. 1991, S. 311–327 (435a–441c); P., »Phaidros«, in: P., *Sämtliche Werke*, Bd. VI, Frankfurt a. M. 1991, S. 59–61 (245c–246d).

19 Vgl. Platon, *Phaidon*, S. 73–80 (103b–107a).

20 Ebd., S. 78 (106b).

21 Vgl. Aristoteles: *Über die Seele (De anima)*, hrsg. von H. Seidel, Hamburg 1995, S. 63 (412b).

22 Manche Interpreten deuten Platons Ausführung über die Existenz und die Unsterblichkeit der Seele als ironische Aussagen (vgl. z. B. Ekkehard Martens, *Sokrates. Eine Einführung*, 2. Aufl., Stuttgart 2004, S. 143), oder sie schreiben ihnen nur die didaktische Funktion zu, dass Sokrates seinen Gesprächspartnern seinen eigenen Glauben an die Unsterblichkeit, die sich nicht beweisen lasse, nahebringen möchte. Anderen Kommentatoren zufolge verfolgt Platon im Phaidon jedoch durchaus das Ziel, die Getrenntheit von Seele und Leib und die Unsterblichkeit der Seele argumentativ nachzuweisen (vgl. etwa Dorothea Frede, *Platons ›Phaidon‹. Der Traum von der Unsterblichkeit der Seele*, Darmstadt 1999, S. 37 f.).

23 Vgl. Moses Mendelssohn, *Phädon oder über die Unsterblichkeit der Seele*, Hamburg 1979.

24 Vgl. René Descartes, *Meditationes de Prima Philosophia / Medita-*

tionen über die Erste Philosophie, lat./dt., übers. und hrsg. von G. Schmidt, Stuttgart 1986.

25 David Hume, »Über die Unsterblichkeit der Seele«, in: D. H., *Dialoge über natürliche Religion. Über Selbstmord und Unsterblichkeit der Seele*, Leipzig 1905, S. 157–165, hier: S. 157.

26 Ebd., S. 158.

27 Ebd.

28 Ebd., S. 163.

29 Kants Hauptwerk, die *Kritik der reinen Vernunft*, ist 1781 in erster und 1787 in zweiter Auflage erschienen. Die zweite Auflage weist zahlreiche Veränderungen gegenüber der ersten auf. Zitiert werden sie als »A« und »B«. Die Paginierung der beiden Auflagen findet sich in nahezu allen neueren Ausgaben am Rand (z. B. A 362). Als Standardausgabe, nach der heute in der Forschung meist zitiert wird, gilt die Ausgabe innerhalb der sogenannten Akademieausgabe (AA), Bd. III und IV, Berlin 1911. Der Abschnitt über die Paralogismen findet sich in AA, Bd. III, S. 262–278 (B 399–428), und AA, Bd. IV, S. 215–252 (A 341–405).

30 Vgl. Immanuel Kant, *Kritik der praktischen Vernunft*, Akademie-Ausgabe, Bd. V, Berlin 1913 (Nachdruck 1974), S. 122–124 (A 219–223).

31 Platon, »Apologie des Sokrates«, in: P., *Apologie des Sokrates. Kriton*, hrsg. von M. Fuhrmann, Stuttgart 1987, S. 3–38, hier S. 37.

32 Vgl. Epikur, »Brief an Menoikeus«, in: E., *Briefe. Sprüche. Werkfragmente*, hrsg. von H.-W. Krautz, Stuttgart 1980, S. 41–51, hier: S. 43.

33 Ebd., S. 43 und 45.

34 Vgl. Thomas Nagel, »Der Tod«, in: T. N., *Letzte Fragen*, Bodenheim 1996, S. 17–28.

35 Ebd., S. 22.

36 Ebd., S. 18.

37 Bernard Williams, »Die Sache Makropulos. Reflexionen über die Langeweile der Unsterblichkeit«, in: B. W., *Probleme des Selbst. Philosophische Aufsätze 1956–1972*, Stuttgart 1978, S. 133–162, hier: S. 138.

38 Platon, *Phaidon*, S. 16 (66b–c).

39 Ebd., S. 18 (67e).
40 Vgl. ebd., S. 18 (67d).
41 Vgl. Cicero, *Gespräche in Tusculum*, hrsg. und übers. von O. Gigon, Düsseldorf/Zürich 2003, I. 75, S. 39.
42 Vgl. Michel de Montaigne, *Essais*, übers. von Hans Stilett, 3 Bde., München 2002, Bd. 1, S. 144 f.
43 Ebd., S. 142.
44 Ebd., S. 146 f.
45 Seneca: »Briefe an Lucilius«, in: S., *Philosophische Schriften*, übers. von Otto Apelt, Hamburg 1993, 30. Brief, Bd. III, S. 110–115, hier: S. 115.
46 Michel de Montaigne, *Essais*, S. 133 f.
47 Vgl. ebd., S. 137 f.
48 Ebd., S. 138.
49 Francis Bacon, »Über den Tod«, in: F. B., *Essays oder praktische und moralische Ratschläge*, Stuttgart 1970, S. 6–8, hier: S. 7.
50 Vgl. Amélie Oksenberg Rorty, »Fearing Death«, in: John Donnelly (Hrsg.), *Language, Metaphysics, and Death*, 2. Aufl., New York 1994, S. 102–116.
51 Seneca: *De brevitate vitae / Über die Kürze des Lebens*, lat./dt., übers. und hrsg. von M. Giebel, Stuttgart 2008, S. 9.
52 Ebd., S. 15.
53 Vgl. Ernst Tugendhat, »Unsere Angst vor dem Tod«, in: Friedrich Wilhelm Graf / Heinrich Meier (Hrsg.), *Der Tod im Leben. Ein Symposion*, München 2004, S. 47–62, hier: S. 59.
54 Vgl. Thomas Nagel, »Das Absurde«, in: T. N., *Letzte Fragen*, Bodenheim 1996, S. 29–44.
55 David Hume, »Über Selbstmord«, in: D. H., *Die Naturgeschichte der Religion. Über Aberglaube und Schwärmerei. Über die Unsterblichkeit der Seele. Über Selbstmord*, Hamburg 1984, S. 89–99, hier: S. 99.
56 Thomas Nagel, »Das Absurde«, S. 44.
57 Vgl. Simone de Beauvoir, *Alle Menschen sind sterblich*, 33. Aufl., Reinbek bei Hamburg 2002.
58 Vgl. Jorge Luís Borges, »Der Unsterbliche«, in: J. L. B., *Das Aleph*, Werke in 20 Bdn., Bd. 6, Frankfurt a. M. 1992, S. 11–28.

59 Ebd., S. 24.

60 Vgl. etwa Nick Bostrom, »The Fable of the Dragon Tyrant«, in: *Journal of Medical Ethics* 31 (2005) S. 273–277; Aubrey de Grey, »Life Extension, Human Rights, and the Rational Refinement of Repugnance «, in: *Journal of Medical Ethics* 31 (2005) S. 659–663; John Harris, »Intimations of Immortality. The Ethics and Justice of Life-Extending Therapies«, in: *Current Legal Problems* 55 (2002) S. 65–95; Steven Horrobin »Immortality, Human Nature, the Value of Life and the Value of Life Extension«, in: *Bioethics* 20 (2006) S. 279–292.

61 John Harris, »Intimations of Immortality«, S. 82; Übers. H. W.

62 Vgl. ebd.

63 Vgl. zum Beispiel Nick Bostrom, »The Fable of the Dragon Tyrant«, S. 277.

64 Vgl. Jay Rosenberg, *Thinking Clearly About Death*, Eaglewood Cliffs 1983, S. 27.

65 Vgl. ebd., S. 33.

66 Dieter Birnbacher, »Philosophisch-ethische Überlegungen zum Status des menschlichen Leichnams«, in: Norbert Stefenelli (Hrsg.), *Körper ohne Leben. Begegnung und Umgang mit Toten*, Wien/Köln/Weimar 1998, S. 927–932, hier: S. 927.

67 Vgl. Héctor Wittwer, »Der Leichnam aus der Sicht der Philosophie«, in: *Deutsche Zeitschrift für Philosophie* 56 (2008) S. 97–117, hier: S. 110 f.

68 Vgl. Dieter Birnbacher, »Philosophisch-ethische Überlegungen zum Status des menschlichen Leichnams«, S. 927–929.

69 Vgl. Ernest Partridge, »Posthumous Interests and Posthumous Respect«, in: *Ethics* 91 (1981) S. 243–264, hier: S. 260 f.

70 Vgl. Héctor Wittwer, *Selbsttötung als philosophisches Problem. Über die Rationalität und Moralität des Suizids*, Paderborn 2003, S. 360–368.

71 Vgl. Benedictus de Spinoza, *Die Ethik*, lat./dt., Stuttgart 1997, Teil III, Lehrsatz IV, S. 271.

72 Thomas von Aquin, »Summa Theologica«, in: T. v. A., *Werke*, vollständ. dt.-lat. Ausg., Bd. 18, Heidelberg/München 1953, S. 164 f.

73 Vgl. Héctor Wittwer, *Selbsttötung als philosophisches Problem*, S. 312–320.
74 Immanuel Kant, *Metaphysik der Sitten. Tugendlehre*, A 73.
75 Johann Gottlieb Fichte, *Das System der Sittenlehre nach den Prinzipien der Wissenschaftslehre* (1798), Hamburg 1995, §20, S. 260 f.
76 William Frankena, *Analytische Ethik. Eine Einführung*, 5. Aufl., München 1994, S. 64.
77 Vgl. zu diesem Argument Gavin Fairbairn, *Contemplating Suicide. The Language and Ethics of Self-Harm*, London / New York 1995, S. 23.
78 Vgl. Ronald V. Clarke / David Lester, *Suicide. Closing the Exits*, Berlin / New York 1989.
79 Vgl. den Beitrag »Magensonde wird schleichend zum medizinischen Standard«, in: *Frankfurter Allgemeine Sonntagszeitung*, 15. 6. 2008.
80 So heißt es beispielsweise in Norbert Hoersters Gesetzgebungsvorschlag, dass ein Arzt einen schwer und unheilbar leidenden Menschen auf dessen Wunsch hin töten dürfe, wenn dieser den Wunsch geäußert hat oder wenn, »sofern der Betroffene zu solcher Überlegung nicht imstande ist, die Annahme berechtigt ist, daß er die Tötungshandlung auf Grund solcher Überlegung für den gegebenen Fall ausdrücklich wünschen würde« (*Sterbehilfe im säkularen Staat*, Frankfurt a. M. 1998, S. 169).
81 Thomas Fuchs, »Euthanasie und Suizidbeihilfe. Das Beispiel der Niederlande und die Ethik des Sterbens«, in: Robert Spaemann / T. F., *Töten oder sterben lassen? Worum es in der Euthanasiedebatte geht*, Freiburg 1997, S. 31–107, hier: S. 48 f.
82 Ebd., S. 65. Vgl. auch Adrian Holderegger, *Grundlagen der Moral und der Anspruch des Lebens. Themen der Lebensethik*, Freiburg 1995, S. 293.
83 Vgl. Norbert Hoerster, *Sterbehilfe im säkularen Staat*, S. 179–181.
84 Robert Spaemann, »Es gibt kein gutes Töten«, in: R. S. / Thomas Fuchs, *Töten oder sterben lassen? Worum es in der Euthanasiedebatte geht*, Freiburg 1997, S. 12–30, hier: S. 21; vgl. beispielsweise auch Thomas Zoglauer, *Tödliche Konflikte. Moralisches Handeln zwischen Leben und Tod*, Stuttgart 2007, S. 171–175.

85 Robert Spaemann, »Es gibt kein gutes Töten«, S. 21.

86 Zit. nach Winfried Franzen, »Die Frage nach dem Status des Ethischen – Gestellt vor dem Hintergrund der Sterbehilfeproblematik«, in: Klaus M. Kodalle (Hrsg.), *Das Recht auf ein Sterben in Würde. Eine aktuelle Herausforderung in historischer und systematischer Perspektive*, Würzburg 2003, S. 87–95, hier: S. 95.

87 Immanuel Kant, *Die Metaphysik der Sitten*, Akademie-Textausgabe, Berlin 1968, Bd. VI, S. 203–493, hier: S. 332.

88 Ebd., S. 333.

89 Vgl. Stephen Nathanson, *An Eye for an Eye? The Morality of Punishing by Death*, Totowa 1987, S. 72–81.

90 Vgl. ebd., S. 77.

91 Vgl. Robert Holyer, »Capital Punishment and the Sanctity of Life«, in: *International Philosophical Quarterly* 34 (1994) S. 485–497, hier: S. 491 f.

92 Vgl. Cesare de Beccaria, *Des Herrn Marquis von Beccaria unsterbliches Werk von Verbrechen und Strafen*, hrsg. und mit einem Nachw. versehen von John Lekschas, Berlin 1966, S. 117–120.

93 Albert Camus, »Betrachtungen über die Todesstrafe«, in: A. C., *Fragen der Zeit*, Reinbek bei Hamburg 1997, S. 103–156, hier S. 135 f. und 140 f.

Auswahlbibliographie

1. Klassische philosophische Texte über den Tod in der Reihenfolge ihrer Entstehung

Platon: Phaidon (vor 347 v. Chr.). Stuttgart 1987.

Epikur: Brief an Menoikeus. In: E.: Briefe. Sprüche. Werkfragmente. Griech./Deutsch. Hrsg. von H.-W. Krautz. Stuttgart 1980. S. 41–51.

Lukrez: De rerum natura / Welt aus Atomen (um 50 v. Chr.). Stuttgart 1986.

Seneca: Von der Kürze des Lebens (um 49 v. Chr.). München 2005.

Marc Aurel: Selbstbetrachtungen (um 172). Frankfurt a. M. 1994.

Montaigne, Michel de: Essais (1580). 3 Bde. München 2002. V. a. der Essay »Philosophieren heißt sterben lernen«. Bd. 1. S. 126–147.

Descartes, René: Meditationen über die Erste Philosophie (1641). Stuttgart 1986.

Pascal: Gedanken. Über die Religion und einige andere Themen (1669/70). Stuttgart 1997.

Spinoza, Baruch: Die Ethik, nach der geometrischen Methode dargestellt (1677). Stuttgart 1977.

Hume, David: Über die Unsterblichkeit der Seele (verfasst um 1751; veröffentlicht postum 1779). In: D. H.: Die Naturgeschichte der Religion. Hrsg. von L. Kreimendahl. Hamburg 1984. S. 79–87.

Mendelssohn, Moses: Phädon oder über die Unsterblichkeit der Seele (1767). Hamburg 1979.

Kant, Immanuel: Kritik der reinen Vernunft (1. Aufl. 1781, 2. Aufl. 1787). V. a. das Hauptstück »Von den Paralogismen der reinen Vernunft«. Stuttgart 1986.

– Kritik der praktischen Vernunft (1788). V. a. der Abschnitt »Die Unsterblichkeit der Seele, als ein Postulat der reinen praktischen Vernunft«. Stuttgart 1986.

Schopenhauer, Arthur: Die Welt als Wille und Vorstellung (1819). Bd. I. Viertes Buch und Bd. II. Kap. 41, 45 und 48. Stuttgart 1987.

Feuerbach, Ludwig: Die Unsterblichkeitsfrage vom Standpunkt der

Anthropologie. In: L. F.: Gesammelte Werke. Bd. 10: Kleinere Schriften III (1846–50). Berlin 1971. S. 192–284.
Kierkegaard, Søren: Die Krankheit zum Tode (1849). Stuttgart 1997.
Scheler, Max: Tod und Fortleben. In: M. S.: Schriften aus dem Nachlaß. Bd. 1: Zur Ethik und Erkenntnislehre. 2., durchges. und erw. Aufl. Bern 1957. S. 9–52.
Jaspers, Karl: Psychologie der Weltanschauungen (1919). München [2]1994. Abschn. »Tod«. S. 259–270.
Heidegger, Martin: Sein und Zeit (1927). Tübingen [17]1993. V. a. §§ 46–53 und 62.
Camus, Albert: Der Mythos des Sisyphos. Ein Versuch über das Absurde (1942). Reinbek bei Hamburg [9]2000.
Sartre, Jean Paul: Das Sein und das Nichts. Versuch einer phänomenologischen Ontologie (1943). Reinbek bei Hamburg [10]2004. Abschn. »Mein Tod«. S. 914–950.
Nagel, Thomas: Der Tod (1970). In: T. N.: Letzte Fragen. Bodenheim 1996. S. 17–28.
Williams, Bernard: Die Sache Makropulos: Reflexionen über die Langeweile der Unsterblichkeit (1972). In: B. W.: Probleme des Selbst. Philosophische Aufsätze 1956–1972. Stuttgart 1978. S. 133–162.

2. Überblickswerke und Einführungen zur Philosophie des Todes

Birnbacher, Dieter: Tod. Berlin/Boston 2017 [eine ebenso anspruchsvolle wie lehrreiche Gesamtdarstellung der Philosophie des Todes].
Bradley, Ben [u. a.] (Hrsg.): The Oxford Handbook of Philosophy of Death. Oxford/Auckland 2013 [ein Nachschlagewerk mit informativen Überblicksartikeln; philosophische Vorkenntnisse werden vorausgesetzt].
Choron, Jacques: Der Tod im abendländischen Denken. Stuttgart 1967 [flüssig geschriebener und klarer Überblick von den Vorsokratikern bis zu den Existenzphilosophen].
Gehring, Petra: Theorien des Todes zur Einführung. Hamburg 2010.

Kagan, Shelly: Death. New Haven 2012 [umfangreiche Einführung in die Thematik].
Lacina, Katharina: Tod. Wien 2009 [eine knapp gehaltene Einführung in das Thema].
Luper, Steven (Hrsg.): The Cambridge Companion to Life and Death. New York 2014 [anspruchsvolles Überblickswerk, in dem der Stand der philosophischen Diskussionen zu verschiedenen Themen zusammengefasst ist].
Scarre, Geoffrey: Death. Stocksfield 2007.
Scherer, Georg: Das Problem des Todes in der Philosophie. Darmstadt 1979 [eine systematische Darstellung der philosophischen Probleme des Todes, die auch die Klassiker einbezieht].
Schumacher, Bernard F.: Der Tod in der Philosophie der Gegenwart. Darmstadt 2004 [eine ausführliche und anspruchsvolle Darstellung der Philosophie des Todes].
Wils, Jean-Pierre: Das Nachleben der Toten. Philosophie auf der Grenze. Paderborn 2019. [Der Autor entfaltet eine originelle Philosophie des Todes und bezieht dabei alle wesentlichen Themen der Debatte ein.]
Wittwer, Héctor / Schäfer, Daniel / Frewer, Andreas (Hrsg.): Sterben und Tod. Geschichte – Theorie – Ethik. Ein interdisziplinäres Handbuch. 2., überarb. und erw. Aufl. Stuttgart 2020 [ein umfassendes, gut lesbares Nachschlagewerk mit Beiträgen aus verschiedenen Disziplinen].
Yourgrau, Palle: Death and Nonexistence. Oxford / New York 2019 [eine eigenständige Untersuchung der Frage, in welchem Sinne die Verstorbenen noch existieren oder nicht existieren].

3. Sammelbände

Donnelly, John (Hrsg.): Language, Metaphysics, and Death. New York ²1994 [eine Sammlung wichtiger neuerer Beiträge aus der Philosophie].
Ebeling, Hans (Hrsg.): Der Tod in der Moderne. Bodenheim ⁴1997 [philosophische Beiträge aus dem 20. Jh. von Heidegger bis Kamlah].
Esser, Andrea / Kersting, Daniel / Schäfer, Christoph W. (Hrsg.):

Welchen Tod stirbt der Mensch? Philosophische Kontroversen zur Definition und Bedeutung des Todes. Frankfurt a. M. 2012.

Fischer, John Martin (Hrsg.): The Metaphysics of Death. Stanford 1993 [eine Sammlung philosophischer Aufsätze aus dem angelsächsischen Raum].

Gehring, Petra / Rölli, Marc / Saborowski, Maxine (Hrsg.): Ambivalenzen des Todes. Wirklichkeit des Sterbens und Todestheorien heute. Darmstadt 2007.

Gosepath, Stefan / Reményi, Matthias (Hrsg.): »... dass es ein Ende mit mir haben muss.« Vom guten Leben angesichts des Todes. Münster 2016.

Graf, Friedrich Wilhelm / Meier, Heinrich (Hrsg.): Der Tod im Leben. Ein Symposion. München 2004.

Liessmann, Konrad Paul (Hrsg.): Ruhm, Tod und Unsterblichkeit. Über den Umgang mit der Endlichkeit. Wien 2004.

Taylor, James Stacey: The Metaphysics and Ethics of Death. New Essays. Oxford / New York 2013.

4. Zur Debatte über den Hirntod

Deutscher Ethikrat: Hirntod und Organspende. Stellungnahme. Berlin 2015 [beschäftigt sich mit den Einwänden gegen die Berechtigung des Hirntodkriteriums].

Hoff, Johannes / in der Schmitten, Jürgen (Hrsg.): Wann ist der Mensch tot? Organverpflanzung und »Hirntod«-Kriterium. Erw. Ausg. Reinbek bei Hamburg 1995 [der Band informiert über die Entstehung und Einführung des Hirntodkriteriums und lässt sowohl Kritiker als auch Befürworter zu Wort kommen].

Kersting, Daniel: Tod ohne Leitbild? Philosophische Untersuchungen zu einem integrativen Todeskonzept. Münster 2017 [enthält eine dezidierte Kritik des Hirntodkriteriums und die Forderung nach der Rückkehr zum Herz-Kreislauf-Kriterium des Todes].

Schlich, Thomas / Wiesemann, Claudia (Hrsg.): Hirntod. Zur Kulturgeschichte der Todesfeststellung. Frankfurt a. M. 2001 [Beiträge aus verschiedenen Disziplinen, die über die Geschichte und die Hintergründe der Einführung des Hirntod-Kriteriums informieren].

Stoecker, Ralf: Der Hirntod. Ein medizinethisches Problem und seine moralphilosophische Transformation. Freiburg/München 1999 [eine umfassende philosophische Untersuchung, in der die These vertreten wird, dass »Hirntote« nicht tot sind].

5. Die philosophischen Lehren von der Unsterblichkeit

Edwards, Paul (Hrsg.): Immortality. New York 1992 [Sammelband mit klassischen und zeitgenössischen Beiträgen zum Thema sowie einer sehr informativen Einleitung des Herausgebers].

Hulsroj, Peter: What if We Don't Die? The Morality of Immortality. Heidelberg [u. a.] 2015.

Huonder, Quirin: Das Unsterblichkeitsproblem in der abendländischen Philosophie. Stuttgart [u. a.] 1970 [eine nahezu vollständige, aber häufig sehr kurz gefasste Überblicksdarstellung].

Lester, David: Is There Life After Death? An Examination of the Empirical Evidence. Jefferson 2005.

Pieper, Josef: Tod und Unsterblichkeit. München 1968.

Scherer, Georg: Sinnerfahrung und Unsterblichkeit. Darmstadt 1985 [eine systematische Untersuchung unter dem Gesichtspunkt der Sinnbedürftigkeit des Menschen].

Strasser, Peter: Gibt es ein Leben nach dem Tod? Gehirne, Computer und das wahre Selbst. München 2004 [der Autor verteidigt die These, dass es eine gehirnlose Fortexistenz nach dem Tod gibt].

6. Ethik der Lebensverlängerung

Höhn, Hans-Joachim (Hrsg.): Welt ohne Tod – Hoffnung oder Schreckensvision? Göttingen 2004.

Immortality Institute (Hrsg.): The Scientific Conquest of Death: Essays on Infinite Lifespans. Buenos Aires 2004.

Knell, Sebastian: Die Eroberung der Zeit. Grundzüge einer Philosophie verlängerter Lebensspannen. Berlin 2015.

– / Weber, Marcel (Hrsg.): Länger leben? Philosophische und biowissenschaftliche Perspektiven. Frankfurt a. M. 2008.

Overall, Christine: Aging, Death, and Human Longevity. A Philosophical Inquiry. Berkeley / Los Angeles 2003 [eine sorgfältige Argumentation für die These, dass die technische Lebensverlängerung wünschenswert ist].

7. Der Status des Leichnams

Birnbacher, Dieter: Philosophisch-ethische Überlegungen zum Status des menschlichen Leichnams. In: Norbert Stefenelli (Hrsg.): Körper ohne Leben. Begegnung und Umgang mit Toten. Wien/Köln/Weimar 1998. S. 927–932.

Deutsche Zeitschrift für Philosophie 56 (2008) Heft 1. Schwerpunkt: Der Status des menschlichen Leichnams [enthält mehrere philosophische Beiträge zum Thema].

Groß, Dominik (Hrsg.): Tod und toter Körper. Der Umgang mit dem Tod und der menschlichen Leiche am Beispiel der klinischen Obduktion. Kassel 2007.

8. Suizid

Améry, Jean: Hand an sich legen. Diskurs über den Freitod. Stuttgart ^{6}1992 [ein polemisches Plädoyer für das Recht, sich selbst zu töten, und gegen die Verhinderung des Suizids].

Battin, Margaret Pabst (Hrsg.): The Ethics of Suicide. Oxford / New York 2015 [die umfangreichste Quellensammlung zur Ethik des Suizids, die je erschienen ist; enthält Texte aus allen Epochen und Kulturen und bezieht die Religionen ein].

Decher, Friedhelm: Die Signatur der Freiheit. Ethik des Selbstmords in der abendländischen Philosophie. Lüneburg 1999 [eine gut lesbare, historische Darstellung der Ethik der Selbsttötung].

Donnelly, John (Hrsg.): Suicide: Right or Wrong? Amherst / New York 1998 [Sammelband mit klassischen und aktuellen Texten zur Ethik des Suizids].

Fenner, Dagmar: Suizid – Krankheitssymptom oder Signatur der Freiheit? Freiburg/München 2008.

Hammer, Felix: Selbsttötung philosophisch gesehen. Düsseldorf

1975 [knappe Darstellung der Argumente für und wider die moralische Erlaubtheit der Selbsttötung].

Kamlah, Wilhelm: Meditatio Mortis. Kann man den Tod »verstehen«, und gibt es ein »Recht auf den eigenen Tod«? Stuttgart 1976. [K. verteidigt das Recht auf den Suizid.]

Macho, Thomas: Das Leben nehmen. Der Suizid in der Moderne. Berlin 2017.

Wittwer, Héctor: Selbsttötung als philosophisches Problem. Über die Rationalität und Moralität des Suizids. Paderborn 2003 [eine umfassende Untersuchung der Frage, ob es vernünftig und moralisch erlaubt sein kann, sich zu töten].

– Das Leben beenden. Über die Ethik der Selbsttötung. Paderborn 2020 [Argumentation für die These, dass die ärztliche Beihilfe zur Selbsttötung legalisiert werden, die Tötung auf Verlangen jedoch strafbar bleiben soll].

9. Sterbehilfe

Guckes, Barbara: Das Argument der schiefen Ebene. Schwangerschaftsabbruch, die Tötung Neugeborener und Sterbehilfe in der medizinethischen Diskussion. Stuttgart 1997 [eine sehr detaillierte Analyse der verschiedenen Varianten des Dammbruch-Arguments].

Hoerster, Norbert: Sterbehilfe im säkularen Staat. Frankfurt a. M. 1998 [Plädoyer für die Legalisierung der aktiven Sterbehilfe].

Hohendorf, Gerrit: Der Tod als Erlösung vom Leiden. Geschichte und Ethik der Sterbehilfe seit dem Ende des 19. Jahrhunderts in Deutschland. Göttingen 2013.

Spaemann, Robert / Fuchs, Thomas: Töten oder sterben lassen? Worum es in der Euthanasiedebatte geht. Freiburg 1997 [Kritik an den Bestrebungen, die aktive Sterbehilfe zu legalisieren].

Wils, Jean-Pierre: Sterben. Zur Ethik der Euthanasie. Paderborn 1999.

Wittwer, Héctor (Hrsg.): Sterbehilfe und ärztliche Beihilfe zum Suizid. Die ethische Debatte. Freiburg/München 2020 [enthält die einflussreichsten Beiträge zu den Debatten über Sterbe- und Suizidbeihilfe].

10. Todesstrafe

Bedau, Hugo Adam: Debating the Death Penalty: Should America Have Capital Punishment? Oxford 2004.
Nathanson, Stephen: An Eye for an Eye? The Morality of Punishing by Death. Totowa 1988 [eine ausgezeichnete Analyse aller Argumente für und gegen die Todesstrafe].
Pieper, Hans-Joachim (Hrsg.): »Hat er aber gemordet, so muß er sterben.« Klassiker der Philosophie zur Todesstrafe. Bonn 2003.

Schlüsselbegriffe

Adiaphoron (Plural: Adiaphora) Wörtlich bezeichnet der Begriff dasjenige, was keinen Unterschied macht. Gemeint sind die Dinge, die für ein sittlich gelingendes oder glückliches Leben irrelevant sind, weil sie dieses weder beeinträchtigen noch fördern. Zu den Adiophora zählte man in der Antike zum Beispiel Gesundheit, Krankheit, Armut und Reichtum. Einige antike Philosophen hielten auch Leben und Tod für Adiaphora.

Atomismus Als Atomismus bezeichnet man die in der Antike entwickelte Auffassung, dass alle Bestandteile der Wirklichkeit einschließlich der menschlichen Seele aus unveränderlichen und unteilbaren Elementarteilchen, den Atomen, aufgebaut sind. Der Atomismus ist eine Variante des Materialismus. Wichtigste Vertreter dieser Lehre waren Leukipp, Demokrit und Epikur.

Dualistische Anthropologie »Anthropologie« (griech.) bedeutet »Lehre vom Menschen«. Die dualistische Anthropologie begreift den Menschen als ein aus zwei Substanzen zusammengesetztes Wesen. Die eine ist der menschliche Körper, die andere wird als Seele oder Geist bezeichnet. Beide Substanzen unterscheiden sich ihrem Wesen nach und unterliegen verschiedenartigen Gesetzmäßigkeiten. Aus dieser Annahme ergibt sich das sogenannte Problem der Wechselwirkung: Wie können zwei Substanzen, die sich radikal voneinander unterscheiden, aufeinander einwirken?

Erlanger Baby Im Jahr 1992 verunglückte die neunzehnjährige Marion Ploch mit ihrem PKW und wurde schwer verletzt. Zu diesem Zeitpunkt war sie in der fünfzehnten Woche schwanger. In der Universitätsklinik Erlangen wurde, nachdem der Hirntod der Frau festgestellt worden war, versucht, das heranwachsende Kind zu retten. Zu diesem Zweck wurden die dafür notwendigen Funktionen des hirntoten Körpers der Mutter mit apparativen Mitteln aufrechterhalten. Der Fötus starb bei einem Spontanabort.

Euthanasie Siehe »Sterbehilfe«.

Freitod Euphemistische Bezeichnung für den Suizid. Der Begriff wird vor allem von denjenigen verwendet, die sich für die Zulässigkeit der Selbsttötung einsetzen und ihre Verhinderung als ungerechtfertigten Zwang ansehen. Der Terminus ist insofern problematisch, als er unterstellt, dass *alle* Menschen, die sich töten, diese Entscheidung aus freien Stücken treffen. Aufgrund empirischer Belege kann aber kein Zweifel daran bestehen, dass viele Suizidenten in ihrer Entscheidungsfreiheit eingeschränkt sind. Deshalb sollte man statt »Freitod« besser den neutralen Begriff »Selbsttötung« verwenden.

Güter und Übel In der antiken Philosophie waren »Gut« und »Übel« Grundbegriffe der Ethik. Unabhängig davon, was in den einzelnen Schulen als Gut oder Übel galt, herrschte weitgehend Einigkeit darüber, dass für den Menschen aufgrund seiner Beschaffenheit bestimmte Dinge gut und andere schlecht sind. Umstritten war, ob der Tod ein Gut, ein Übel oder keines von beiden ist. In der modernen und zeitgenössischen Philosophie spielen die beiden Begriffe keine zentrale Rolle mehr, weil sich die Ethik nun vornehmlich an den Wünschen Handelnder, an objektiven Normen oder Werten orientiert.

Intrinsisch/extrinsisch Intrinsisch gut oder wertvoll ist etwas, wenn es an sich selbst betrachtet, das heißt unabhängig von anderen Dingen oder möglichen Folgen, gut ist. So ist beispielsweise Gesundheit intrinsisch gut. Extrinsisch gut sind hingegen die Dinge, deren Wert von etwas anderem abhängt. Eine schmerzhafte Zahnwurzelbehandlung etwa ist für den Patienten zwar nicht intrinsisch, aber extrinsisch gut. Beide Arten des Gutseins schließen sich nicht aus; ein Ding kann sowohl intrinsisch als auch extrinsisch gut oder schlecht sein.

Monistische Anthropologie »Anthropologie« (griech.) bedeutet »Lehre vom Menschen«. Die monistische Anthropologie begreift den Menschen als körperliches Wesen, das bestimmte höhere Fähigkeiten und Eigenschaften, wie etwa Bewusstsein, Emotionalität und Sprache, aufweist. Diese geistigen Eigenschaften lassen sich der monistischen Anthropologie zufolge auf körperliche Vorgänge zurückführen und grundsätzlich wie diese durch Rückgriff auf Naturgesetze erklären.

Numerische Identität Der Begriff bezeichnet die Tatsache, dass zwei oder mehr sprachliche Zeichen *denselben* Gegenstand bezeichnen. In der Regel handelt es sich dabei um Aussagen, die sich auf verschiedene Zeitpunkte beziehen. So ist beispielsweise der Autor dieses Buches numerisch identisch mit dem Jungen, der 1975 eingeschult wurde, auch wenn er sich qualitativ in vieler Hinsicht von diesem unterscheidet.

Paternalismus Von lat. »pater« (Vater). Der Begriff bezeichnet die Auffassung, dass es unter Umständen moralisch erlaubt ist, die Freiheit eines Menschen einzuschränken oder ohne seine ausdrückliche Zustimmung in seinem Namen etwas zu tun, weil dies angeblich in seinem aufgeklärten Interesse ist. Sie beruht auf der Voraussetzung, dass Menschen nicht immer wissen oder realistisch einschätzen können, was für sie gut ist, und dass man sie deshalb vor sich selbst schützen oder ihnen vernünftige Entscheidungen abnehmen muss (so wie ein Vater das für seine unmündigen Kinder tun darf und soll).

Prima facie gültige Pflichten »Prima facie« bedeutet »dem ersten Anschein nach«. Der Begriff der prima facie gültigen Pflichten wurde von David Ross geprägt. Er bezeichnet die Tatsache, dass bestimmte moralische Gründe dafür sprechen, dass etwas getan oder unterlassen werden soll. Diese Gründe können jedoch unter besonderen Umständen durch andere moralische Gründe überwogen werden. Prima facie gültige Pflichten lassen daher in der Regel berechtigte Ausnahmen zu.

Qualitative Identität Der Begriff bezeichnet die Tatsache, dass ein und derselbe Gegenstand sich zu verschiedenen Zeitpunkten in allen wesentlichen Hinsichten gleich geblieben ist oder dass mindestens zwei verschiedene Gegenstände sich in allen relevanten Hinsichten gleichen. Obwohl streng genommen kein Gegenstand einem anderen völlig gleicht, kann man in Bezug auf mehrere Dinge von qualitativer Identität sprechen, wenn sie sich hinreichend ähnlich sind. Dies gilt etwa für industriell hergestellte Massenprodukte, die für Betrachter oft ununterscheidbar erscheinen.

Selbstmord Pejorative Bezeichnung für den Suizid. Der Begriff wird in erster Linie von denjenigen verwendet, die die Selbsttötung für moralisch verboten halten. Er ist widersinnig, weil Mord unter anderem durch niedere Beweggründe und Heimtücke definiert ist. Niemand kann sich aber selbst auf heimtückische Weise töten. Daher sollte man statt des abwertenden Begriffs »Selbstmord« besser den Begriff »Selbsttötung« verwenden.

Sterbehilfe/Euthanasie Der griechische Begriff leitet sich von »eu« (»gut«) und »thánatos« (»Tod«) ab und bedeutet daher »guter Tod«. Sterbehilfe liegt dann vor, wenn ein Mensch einen anderen Menschen auf dessen ausdrücklich geäußerten oder mutmaßlichen Wunsch hin tötet oder sterben lässt. Unterschieden wird zwischen aktiver, passiver und indirekter Sterbehilfe. Der gelegentlich verwendete Begriff »unfreiwillige Sterbehilfe« ist irreführend, weil man einem Menschen, der nicht sterben will, nicht beim Sterben »helfen« kann. Gemeint ist in diesem Fall Mord, nicht Euthanasie.

Sterben Letzter Abschnitt des Lebens, in dem die Lebensfunktionen ausfallen. Dieser Ausfall kann in einer ersten Phase umkehrbar sein. Sobald er irreversibel geworden ist, lässt sich der Tod des betroffenen Menschen nicht mehr verhindern. Da das Sterben ein Bestandteil des Lebens ist, kann es grundsätzlich auch – zumindest teilweise – erlebt werden. Dies unterscheidet es vom Tod als dem Ende des Lebens.

Thanatologie Von griech. »thánatos« (»Tod«), Lehre vom Tod. Die Thanatologie umfasst heute eine Reihe wissenschaftlicher Disziplinen, die sich mit Sterben und Tod beschäftigen, zum Beispiel die

Psychologie des Todes, die Soziologie, die biologische Erforschung der Ursachen des Alterns und Sterbens und die philosophische Thanatologie.

Totsein Zustand, in dem sich ein früher lebender organischer Körper nach dem Tod des Individuums befindet. Der Begriff sollte nur auf tote Körper bezogen werden, im Falle des Menschen also auf Leichname. Wenn kein Leichnam vorhanden ist, gibt es keinen Gegenstand mehr, dem die Eigenschaft, tot zu sein, zukommen könnte.

Zeittafel

Antike

Platon (427–347 v. Chr.), einer der wichtigsten Vertreter der dualistischen Anthropologie, entwickelt die ersten philosophischen Argumente für die Unvergänglichkeit der Seele. Außerdem vertritt er die Auffassung, dass der Tod für die Philosophen kein Übel, sondern ein Gut ist, weil durch ihn die Seele vom Leib, der ein Hindernis für die Erkenntnis der Ideen darstellt, befreit wird. Die antiken Atomisten, vor allem Epikur (ca. 341–271 v. Chr.), wollen hingegen nachweisen, dass der Tod nichts Schlechtes sein kann, weil alles Gute und Schlechte in der Erfahrung liegt, Tod und Totsein aber nicht erfahren werden können. Die Stoiker empfehlen, dass man sich an den nahenden Tod gewöhnen solle, indem man sich stets vor Augen führt, dass man sterben wird. Umstritten ist, ob es moralisch erlaubt ist, sich zu töten. Platon und Aristoteles halten die Selbsttötung immer oder in der Regel für verwerflich. Andere Philosophen sehen im wohlüberlegten Suizid einen Ausdruck der menschlichen Freiheit und der Vernunft.

Mittelalter

Nach dem Aufstieg des Christentums zur herrschenden Religion und der Unterordnung der Philosophie unter den christlichen Glauben ist eine unvoreingenommene Beschäftigung mit dem Tod lange Zeit unmöglich. Die christlichen Philosophen beschäftigen sich im Zusammenhang mit dem Tod in erster Linie mit der Unsterblichkeit. Dabei wird die biblische Lehre von der Auferstehung des Fleisches zum Teil durch die Aufnahme aristotelischer Gedanken überformt. In der innerchristlichen Auseinandersetzung über die Selbsttötung setzt sich mit Augustinus (354–430) die Auffassung durch, dass das Gebot »Du sollst nicht töten« auch für die eigene Person gilt. Thomas von Aquin (1225–1274) entwickelt später die klassische Begründung des moralischen Suizidverbots. Der Suizid verstoße gegen unsere Pflichten gegenüber Gott, der Gemeinschaft und uns selbst.

Neuzeit

In der Neuzeit lassen sich mehrere Tendenzen in der philosophischen Beschäftigung mit dem Tod ausmachen. Montaigne (1533–1592) greift auf epikureische und stoische Lehren zurück, um zu zeigen, dass der Tod kein Übel sein kann. Andere Denker, wie etwa Descartes (1596–1650), Hobbes (1588–1679) und Spinoza (1632–1677) halten das Streben nach Selbsterhaltung für den Kern der praktischen Vernunft. Daraus ergibt sich, dass der Tod ein Übel ist und dass es unvernünftig ist, sich zu töten. Zwar wird die Lehre von der Unsterblichkeit der Seele weiterhin von vielen Denkern vertreten, Hume (1711–1776) und Kant (1724–1804) widerlegen jedoch alle Argumente für die Unsterblichkeit. Kant vertritt allerdings die Auffassung, dass es uns dennoch erlaubt ist, aufgrund eines praktischen Bedürfnisses an die Unsterblichkeit der Seele zu glauben. Montesquieu (1689–1755) und Hume stellen das moralische Verbot der Selbsttötung infrage; Kant versucht hingegen, es auf neue Weise zu begründen. Beccaria (1738–1794), Voltaire (1694–1778) und andere kritisieren die Todesstrafe, deren Zulässigkeit aber von Kant und anderen verteidigt wird.

19./20. Jahrhundert

Schopenhauer (1788–1860) vertritt im Rahmen seiner idealistischen Philosophie die Auffassung, dass zwar das Individuum als Erscheinung vom Tod vernichtet wird, nicht aber der unzerstörbare Wille als Ding an sich. Nach Feuerbach (1804–1872) lässt sich der Glaube an die Unsterblichkeit der Seele als Irrglaube entlarven und sein Zustandekommen anthropologisch erklären. Im 20. Jahrhundert hat sich vor allem die Existenzphilosophie des Todes angenommen. Nach Jaspers (1883–1969) stellt der Tod eine existenzielle Grenzsituation dar. Heidegger zufolge bietet das »Vorlaufen« in den eigenen Tod die Möglichkeit, sich aus der Beherrschung durch das »Man« zu lösen und auf authentische (»eigentliche«) Weise zu leben. Während Heidegger dem Tod also etwas Positives abgewinnt, stellt er für Sartre (1905–1980) ein völlig sinnloses Ereignis dar. Geburt und Tod seien absurd, weil sie nicht aus der menschlichen Freiheit hervorgehen.

20./21. Jahrhundert

In der Philosophie der Gegenwart werden die aus der Antike geläufigen Fragen wieder intensiv diskutiert: Ist der Tod ein Übel? Wenn ja, warum? Ist es vernünftig, den Tod zu fürchten? Wie sollte man sich zum bevorstehenden Tod verhalten? Hinzu kommen neue Probleme, die sich häufig aus den Fortschritten von Wissenschaft und Technik ergeben. Das gilt etwa für die Debatte über die Berechtigung des Hirntodkriteriums, für die Frage, ob die technische Lebensverlängerung wünschenswert ist, und teilweise auch für das Problem der Sterbehilfe. Außerdem spielen die älteren moralischen Probleme noch immer eine wichtige Rolle in der Diskussion, zum Beispiel die Frage nach der Zulässigkeit der Todesstrafe.